낙화의 뜰

낙화의 뜰

초판 1쇄 발행 2023년 8월 14일

지은이 이원문

펴낸이 임병천
펴낸곳 책나무출판사
출판신고 2004년 4월 22일 (제318-00034)

주소 서울시 영등포구 신길3동 325-70 3F
전화 02-338-1228 **팩스** 0505-866-8254
홈페이지 www.booktree.info

ISBN 978-89-6339-709-2 03810

낙화의 뜰

이원문 시집

책나무출판사

목차

1부

2부

3부

4부

• 1부 •

첫눈의 길

설레임에 만나는 날
만나서 즐거웠고
둘이서 걷는 길
길어도 짧았다

누가 먼저 무슨 말을
어떻게 건넬까
서로의 망설임
둘이 서로 말 못하고

아쉬움에 닿은 길
여기 이 곳이 끝인가
돌아서 오는 망설임의 길
마주 보는 눈빛이 서로 말한다

어머니의 부엌

밥솥에 서리는 김
부지갱이 타들어 가고
이마돌에 끄림만큼이나
어머니의 마음도 끄을렸다

밥 적다 밥 투정
맛 없다 반찬 투정
타들어 가는 어머니의 마음
부지갱이나 헤아릴까

큰 솥에 옥양목 삶는 내음
싫어도 맡아야 하는 어머니
그 옥양목은 하얀데
어머니 마음은 언제 하얄까

밤과 낮이 없는 어머니
등잔불 심지 올려
우리들 옷 양말
다듬이질에 이불 꿰매는 어머니

첫닭 울음에 잠깐 단몽
우리들을 몇번 보았나
그 이불 덮어 주어 잠든 우리들
먹고 노는 꿈은 꾸었어도 어머니 꿈은 없었다

달력의 후회

아름다운 세상
한 번밖에 없는 세상
하늘 그대로 구름 흐르고
밤하늘의 별 그 별로 반짝인다

속아온 이 세상
그 무엇이 속여 왔나
얼룩진 세월 씻지 못하고
내 탓의 이 마음 어떻게 해야 하나

나는 버리련다
모두 모아 버리련다
이 구겨진 그 마음까지
강물 따라 흘러가 바다에 던지련다

이혼하는 날

버리고 씻어도
뗄 수 없는 정
매달린 그날이
오늘을 알았겠나

무엇을 위하여
사랑했었나
버린 것이 무엇인지
그날을 돌아본다

12월의 노을

늘 그렇듯
12월이면 1년이 모아지고
모으는 12달이 한 두달씩 흐려진다
그것도 어렴풋이 흐려진 달 짚어보면
무엇을 했는지 무엇을 해야 하는지
근심의 몇 달만 다음을 기다리고
나머지는 밤과 낮이 모두를 거둬갔다

1년의 나
그렇게 버리고 잃고 잊은 날
1년 안의 나는 나를 몇번 보았나
이 1년이 아니라 보낸 세월이 그렇듯
나는 나를 빌어 그 무엇을 얻었고
다음이 있다면 무엇을 안겨줄까
1년이 모으는 달 기억에서 멀어진다

12월의 마음

며칠의 12월인가
무엇인가 잃은 것 같아
돌아보면 아니고
보낸 달 거스르면
기억조차 희미 하다

잡아보는 12월
보내야 하는 12월
잃어버린 처음 달력
나머지장 어디 갔나
11장 반 모두 잃었단 말인가

찾아보는 그 많은 날
빈 주머니에 숨어 들고
찾는다던 그 욕심 어디에서 무엇 하나
남은 시간 그 며칠
나뭇가지에 걸친다

추운 기억

얼마나 더 추울까
겨울날의 그 세월
아련히 펼쳐지고
부엌에 까만 끄림
하얀히 스쳐간다

춥다 추워도
허기만큼이나 추울까
눈 녹아 젖은 양말
말리다 태우고
고무신이 찾은 양지
허기에 더 춥다

짧은 해에 찾은 양지
노루 꼬리에 매달린 몸
이 양지 잃으면
집으로 가야 하나
죽 한 그릇에 새워야 하는 밤
저녁연기에 얹어지고

땔나무 아끼려 하니
아랫목이 식어간다
홋겹데기로 보내는
화롯불에 녹이는 몸

어느 겨울이 춥다 한들
그 겨울만큼이나 추울까
시린날에 초가의 지붕
저녁연기 떠올린다

겨울 섬

어느 해의 여름인가
찾았던 이곳
이리 저리 둘러보며
이 섬 찾았을때

그때에는 쓸쓸해도
시원했었는데
시린 겨울은 이렇게
추워야 하는지

오래 있지 못하여
바람 등에 업고
파도소리 들으며
뒷 걸음으로 걷는 바다

왔는지 갔는지
알 수 없는 흔적
삐뚤은 그 발자국
누가 다녀 갔을까

추워 찾은 양지의
움푹 패인 이 바위
그 여름날 이 곳이
얼마나 뜨거웠나

혼자만이 찾은 섬
둘이어도 추웠을까
바위에 기대어
수평선 바라보니

변함 없는 그 파도
밀려와 부서지고
추워 나가려 하니
다시 밀려 부서진다

처음의 후회

잊어도 잃어도
가슴 한 구석에 남아 있고
울어도 웃어도
처음만 못하더라

길은 하나인데
나 여기에 왜 와야 했나
딛고보니 이 길도
처음만 못하더라

꿈 같은 옛날이
그 아름다운날 찾으면
나 여기 이곳 떠나
다시 돌아갈 수 있는지

떠돌다 머문 이곳
이 금방석도 아니더라
거짓 행복 이 웃음
그 처음만 못하더라

겨울 사랑

설레임의 기다림
얼마쯤 더 걸어갈까
커피잔에 녹은 마음
손 잡으니 따뜻하다

둘만의 끝 없는 길
이쯤에서 머무를까
춥지 않은 우리 사랑
속삭임에 행복하다

송년의 노을

시려운 저녁바람
또 한 해가 떠나는가
나이 한 살 더 얹어 주눅드는 마음
이 마음 걸치는 곳이 저 나뭇가지 밖에 없는지

바라보는 서산 위 저 해 떨어지면
오늘도 하루 지나 며칠 남은12월인가
돌아보는 그 많은 날 하루 살이에 빼앗기고
열 두장 달력이 나이 한 살 더 얹는다

늘 그러한 12월
나 여기에서 무엇 하나
어느 해부터 빠른 날에 그 허무함의 가르침인 듯
이것이 세월이고 인생을 갉는 시간이었나

접어도 펼쳐지는 걸어 오고 가야 할 길
가야 하는 그 길도 이렇게 짧을 것인지
돌아보는 옛날도 보내야 하는 오늘도
내일에 묻어놓고 마지막 날 바라본다

뒷동산의 슬픔

넘는 해에 바람 불어
노을 지워지니
집집마다 저녁연기
나 어디로 가라 하나
놀던 동무 하나 둘
연기 찾아 들어가고
내려보는 까치집
어서 가라 한다

저 연기 끊어지면
어둠이 데려갈까
데려가면 어디로
누구의 집을 찾을까
거뭇거뭇 노을의 구름
저녁연기 끊어놓고
놀던 웃음 눈물의 저녁
어둠이 가린다

송년의 밤

여름날 가깝던 별
더 멀리 멀어지고
낮아 보던 별자리
기울며 바뀌었다

떠나는 이 한해는
별자리까지 바꾸는지
아무도 없는 이 밤
나 누구와 함께 있나

바라보는 밤하늘
차가워 못 견디고
어제 오늘 모은 마음
별자리 찾아간다

송년의 섬

까마득히 먼 섬
가까운 나의 섬
하루가 모은 한 달
일 년 되어 부서지고
바라보는 아랫섬
나 자란 섬 쓸쓸하다

보이는 나 자란 섬
굴 바구니의 어머니 섬
저 섬이 안은 일 년
그 일 년만 부서지겠나
휩쓰는 파도마다
휩쓸리는 기억들

갯벌 젓는 갈매기
그 시간인 듯 울어대고
불어오는 바닷바람
우리 싸리문 열어주는 듯
어머니의 굴 바구니
노을빛에 젖는다

창밖의 12월

저무는 1년
또 한해가 떠나는가
나 지금 어디쯤에 와 있나

되돌아보는
그려진 그 그림들
무엇으로 어떻게 그 그림을 그렸나

잃어버린 날
되돌아갈 수 있다면
오늘의 꿈으로 다시 그릴 수 있는지

창밖의 12월
지난날이 모은 오늘
내일이 싫어 돌아 가고 싶어라

빈손

시 때 그 세월 다 놓친 인생
보내는 이 한해에 무엇을 실어야 하나
돌아올 그 한해에 무엇을 싣고

옛 시간에 녹는 마음 다가오는 그림들
거짓 된 그 아름다운날 구름에 실린다
시려운 손 주머니에 넣으니 넣어도 시렵고

꽉드러찬 그 많은 날 찢겨나간 시간들
달력이 저물면 인생도 저물어야 하나
저무는 12월 오늘도 조용히 달력을 읽는다

시간의 송년

더불어 사는 세상
그 이웃이 소중한
내 삶의 동반자임을
나 또한 그 이웃의
동반자가 아니었나

누가 나를 찾을까
연줄에 매인 그날
당겨보니 아무도 없고
더 풀어 보내니
갈 길이 멀다

송년의 그리움

나뭇가지에 걸치는
지난날의 기억들
그날이 멀어지면
추억도 멀어지는 것인지
살며시 하얗게 그날이 부서진다

이름 끝자 가물가물
모습 잃은 그 얼굴
그 시간이 지우면
처음도 지워지는 것인지
둘이 아름다운 날 그리움에 얹는다

시인의 송년

바라보는 저것이 다 무엇인가
넘겨보는 이 많은 날 누구의 하루이고
거짓의 계절에 날마다 속은 세월
외로워 시를 짓고 괴로워 글을 썼다

거짓에 피는 꽃은 그 세월을 덮기 위함이었나
속이는 세월 또한 하루 한 달을 지워보려 한 것인가
실가닥에 매달린 감을 수 없는 그 많은 날
끝 잡으려 따라가니 하룻밤이 모자라고

모자라 눈 감으니 단몽에 스쳐간다
누가 나의 시 읊어 주고 이 글을 읽어 줄까
나만이 읽고 읊을 그 세월의 위로가 아닌가
웃음 속에 섞인 눈물 이 한해에 싣는다

화롯불의 송년

바람이라도 찾아들면 춥지 않을 것을
찢어진 문밖 빠끔히 누가 이 집을 찾을까
까치 짖는 아침 나절 불 넉넉히 집혀놓으니
점심이어도 아랫목 넣어본 손 따뜻하다

문간의 개 짖는 소리 돼지 우리의 때 찾는 소리
누가 지나가고 우리의 돼지 배고픈가
추녀 끝 고드름 녹다 굳어 더 자라니
해 기울어 넘는 해 군불집혀 저녁 해라 한다

그래도 아침 나절 누가 올까 기다렸고
화롯불 저으며 고구마도 묻었다
이 생각 저 생각 먼 생각 자식 생각
늙은 친정 누가 있나 찔레꽃도 찾았다

문풍지 우는 밤 인생 무상 허무 하다
이 짧은 세월이 어찌 그리 길었던가
지금이라도 누가 오면 막걸리에 밤 참도 있으련만
찾는 이 없는 긴긴 이 밤 부엉이만 우는구나

• 2부 •

겨울 양지의 슬픔

따뜻한 이 양지
구름 들어오면 어쩌나
그래도 이 곳이 몸 녹일 곳인데
누더기 속 스물스물 가려워 긁으면
손 끝에 잡히는 이 뚝잡아 죽이고
떨어진 단추에 겉옷 벗어 속옷 뒤집으면
하얗게 석회 이는 왜 그리 많은지
머리는 안 그런가 긁다 털면 비듬 석회 하얗게 쏟아졌고
까만 머릿 이는 밤이어야 잡을 수 있는지
끼니 걸러 서러운 몸 이 석회에 가려운 몸
그날이 언제였나 엊그제가 아닌가
가려움에 허기는 그런데로 참을 수 있었는데
머리에 부스럼 어깨에 곪는 종기는 왜 안 낳고 그리 쑤시는지
밀가루 개어 붙이고 고약 붙여 며칠 울면
아주 곪아 짜아내는데 그 아픔을 누가 알까
쇠죽 솥에 담그는 그 트인 손은 안 따가웠나
겨울 양지의 먼 옛날 구름 흘러 산 넘고
그 저녁바람 불어와 집으로 쫓는다

나뭇꾼의 송년

앞산 양지의 그 눈은 며칠이면 녹는데
뒷산 기슭 응달은 봄이어야 녹는가
이 나뭇꾼의 지게에 무엇이 실릴까
이 산 저 산 먼 산까지 안 간곳이 어디에 있고
앞산 양지의 가랑잎 노란 솔까레
뒷산 기슭 응달 녘에는 거친 나무 밖에 없어야 했는지
눈 쌓이면 눈 털며 청솔가지 쪄야 하고
그것도 말림 산 눈치보며 쪄야 하는 청솔가지
쌀독은 그만두더라도 없는 집 나무 광에는 나무도 없었다
먹는 것에 매달리던 날 불이라도 따뜻하게 때야 하는 삶이 아닌가
두레박 줄 당겨야 하는 우물둥치 얼어붙는 까마득한 세월
저녁연기 바라보며 부러워 했던 그 시간
보릿고개의 긴긴 겨울 그날들이 얼마나 힘들었나
그래도 봄이면 보리밭 둑 찔레꽃이 눈 언저리 적셨고
뽕잎 자루에 담기는 앞 뒷산의 뻐꾹새 울음 언제 멎었는지
마당 끝 맹꽁이 울음에 인생을 읽던 날
논 가운데 그 뜸북새 울음 무엇을 가르쳤나
아련한 그 세월 멀고 먼 긴 시간

겨울이어도 찾아드는 이 나뭇꾼의 눈물겹던 그 시간들이 아닌가

모두가 떠난 세월 운명의 가르침

보내는 이 한해에 눈물로 싣는다

고갯마루의 송년

저 멀리 바라보면
더 먼 날이 다가오고
다가오는 그날보다
옛 생각이 앞선다

빈 주머니 채우려
속아온 세월
믿었던 내일이
그리 속였나

큰 욕심도 아니고
바란 기적도 아니다
그저 하루 한 달
시간 셈에 매달린 날

손 넣어본 주머니에
무엇이 들어있나
이 자리의 나
어디에 와 있고

짧은 날 바라보며
뒤적이는 그 옛날
손 주름 얼굴 주름
이제 그만 쉬자 한다

송년의 마음

늘 그렇듯
이맘때면 쓸쓸히 마음 비워지고
지난 날 다가올 날 나뭇가지에 걸친다
허전한 마음 허무한 마음
며칠 남은 12월은 이런 것인지
지난날은 그렇게 그렇다 해도
다가올 새해 그 다음은 어느 날이 될까
후회와 걱정이 서로 잡아 당기는 마음
지난 날 후회 하고 다음 날이면 무엇 하나
운명이 그렇다면 어쩔 수 없는 것인데
희망도 아니고 꿈도 아니다
좌절도 아니고 절망도 아니다
그저 허무함에 며칠 남은 12월
이제 또 마지막 날 딛어 가야 하나
보내는 이 한해 구름 위에 얹는다

교회의 일기

나는 중풍 맞은 우리 엄마를 업고
메뚜기 잡던 논길 따라 하느님을 찾았다

쌓인 눈에 잘못 딛어 넘어진 엄마와 나
먼 밤 길이어 그런지 잘 털리지 않는 눈

소원 비는 교회 나무 바닥도 너무 차가웠다
열심히 기도하며 우리 엄마 낳게 해달라는 애절한 나의 소원

돈 없어 헌금 못내 미안하기도 했다
소원이 짧아 그런지 그후 1년 있다 하느님이 데려갔다

엄마~
엄마~

인생의 송년

쓸쓸히 보내야 하는
또 한해가 떠나는가
내 마음대로 안 되는 것이
인생살이라 하더니
이 세상 마음대로 되는 것이
그 어디에 있겠나
이것이 팔자요 운명이 아닌가

곧은 길인가 싶어 가다보면
굽어 돌아 가는 길 나오고
올라선 힘들여 오른 언덕
내려보면 무엇이 보이던가
더 가다 보면 가시밭 길은 없겠나
누가 알고 걷는 길이며
피해 가는 이 누구일까

알면서도 가야 하는
내일을 모르고 사는 인생
누구의 웃음이 오늘을 묶었다 할까
오늘도 이 해 지면 하루 이름 지어지고

어두워 불 밝히니 시계 바늘이 뭐 하던가
눈 감느라 불 끄면 단몽이 될 것이고
그 다음 눈 뜨면 다음 날이 놓일 것을

송년의 미련

12월의 마지막 밤
누가 나의 문을 두드릴까
바람이 불면 창문이라도 흔들릴 것을
그것도 아닌 밤 추억만이 가득하다

이리뒤척 저리뒤척
누구라도 올 것 같은 마음
언제 내가 누구를 기다렸나
기다렸다는 듯 기다림이 들어찬 방

보고 싶은 얼굴이
나의 문을 두드린다
두드려 나가보면 아무도 없고
누워 천정 바라보니 천정에서 어린다

다 잃고 보낸 세월
어리는 그 얼굴 보고 싶어라
처음은 그렇게 잊어도 못 잊는 것인지
보내는 송년의 밤 그날 찾아 돌아간다

겨울꽃

은빛 세상
하얀 세상
산꼭데기에서 내려오고
겨울 안개에 피는 꽃
순간 피어지고 만다

하얀 세상
은빛 세상
나뭇가지마다 피는 꽃
온세상 은빛 물결
겨울바람이 지운다

12월의 거울

떠나는 한해도
바라보는 마음도
무렵 아닌 이맘때면
늘 쓸쓸한 것인가
돌아보는 1년의 마음
세월이 가늠 된다
욕심은 그렇다 해도
남은 시간이 얼마나 되나
그 작년에는 그래도
내일이 있었는데
이 한해 송년의 마음
너무도 허무하다
욕심이 있다 한들
채울 시간이 있나
채울 시간이 있다 한들
채울 힘이 있나
아직은 안 그런데
늙었다 할 이웃
이제 어디에 가서
무슨 말을 하겠나

손 재주가 있다 한들
기계화 된 세상
세월 가면 갈수록
더 그럴 것이 아닌가
접히지 않는 욕심
주눅은 접으러들고
욕심은 그저 다음이 있다 하니
새해 맞이 그 다음
누구를 찾아 갈까
욕심이 아니어도
함께 할 곳 좁아지고
거울에 비춘 이 모습
몸뚱이에게 미안하다
이 새해 맞이 지나면
모두를 반으로 접어야 하나
아니면 이대로
다음을 바라볼까
이것도 저것도
알 수 없는 마음
오늘 하루 모두 모아
지는 해에 얹는다

안녕 2018

보내야 하는 2018
이제 그만 떠나는가
나와 이웃 나라 안 밖
무슨 일이 있었는가

잃었든 얻었든
자리 뜨는 2018
남겼든 지니든
가야 하는 2018

그 1년 이름 짓고
이렇게 가야 하나
나와 이웃 그 1년
누가 잡을 것인가

그믐의 마음

누가 나를 기억할까
누구의 모습 아닌
허상의 모습 같고
그리움인 듯 기다림도 아니다

그저 마지막 날 허탈감에
기억해주길 바램일까
누구인가 그 사람도
나와 같지 않은지

내 마음에 들어와
저 멀리 보는 하늘
벌거벗은 이 마음
구름 위에 얹는다

송년의 석양

잡아도 떠나는
서산마루 2018
저 서산 넘으면
다시 돌아 오겠는가

석양에 얹는 나이
나 이곳 어디인가
아쉬워 보는 해
노을 불러 내려앉고

바라보는 나뭇가지
어둠이 가린다
아직은 그 몇시간
허무한 2018

눈 감으면 작년 되고
뜨고 나면 올해 오나
가는 해 오는 해
시계바늘에 매달린다

12시

떠났는가 2018
밝았는가 2019
오고 가는 18, 19
나 여기 어디인가

새해의 희망

밝아 온 2019
누가 나를 찾을까
내가 다니지 않았으니
찾을 사람 없고
찾고 찾아 다니자 하니
이 얼굴이 뜨겁다
그럴 수 밖에 없는 것이
이웃의 휴일과 반대로
휴일 날 일해야 하는 삶
엇박자가 되는 시간
내가 어디 얼마나 다녔겠나
집안과 이웃 친구도 못 찾았다
그렇다고 아주 안 다닌 것이 아닌데
띄엄띄엄 몇년 몇년
나 나쁘다 잘못 됐다
미안한 이 마음 어떻게 하나
벌거 벗은 알거지였더라면
이런 소리가 없었을 것을
어쩌다 연락 닿으면
싫다 나쁘다 하는 소리

직장 특성상 이해 해달라 한들
누가 얼마나 그 이해를 해줄까
냉정한 세상 냉정한 삶
내가 있고 이웃이 있는 세상
이웃 있고 나 없으면 무엇이 되겠나
앞산 기슭 뻐꾹새 울던 날
입에 훑어 넣은 아카시아꽃의 가르침인가
보릿고개의 그 교훈을 어찌 잊을까
이 겨울 누더기가 바라보았던 석양
저녁바람에 흩어지는
저녁연기가 무어라 말 했나
이제 그만 남은 세월 이웃과 함께
못 나눈 정 나누며 찾아가 빌련다
아카시아꽃의 눈물 찔레꽃 이야기
그 뻐꾹새 울음도 같이 들을까
다 내려놓고 그 옛날 찾아
친구 이웃 친척 만나
옛 이야기 나누련다

까치의 새해

보내는 해의 나뭇가지는
그렇게 쓸쓸한데
맞이한 새해에는
또 다른 모습이다

사람의 마음일까
시간의 약속인가
오고 가는 그 며칠
허무 했던 마음

어느새 동지의 맞춤
짝지은 까치 삭쟁이 나른다
지었던 집 둘러보고
다른 나무에 다시 짓고

봄은 아직 저 멀리
겨울이어도 까치의 봄인가
동지 지난 열나흘
까치의 둥지 더 커진다

겨울 먼동

초승달과 나온 샛별
지붕 위에 떠 있고
들리는 닭 울음
새벽을 깨운다

아직은 아가의 밤
언제 밝을까
누렁이 소 꾸벅꾸벅
문간의 개 줄 끄는 소리

시끄러운 닭 울음
해 뜨면 멎을려나
솥뚜껑 여닫는 소리
어머니의 부엌 바쁘다

까마귀의 고향

그렇게 무서웠고
싫어 했던 까마귀였는데
기억에 그 까마귀
왜 그리 울어댔는지

전설이 그렇듯
솔음 돋는 울음소리
나 어릴 적 어른의 마음
그 마음을 어떻게 알겠나

지팡이의 옆집 할머니
문간안 들어갔다
다시 나오고
듣기 싫어 그런지 다시 들어간 할머니

이리저리 얕이 날며
그래도 우는 까마귀
문 닫는 할머니
무엇을 생각 했나

닫은 문에 보이는
까치 둥지에 찔레꽃 얹고
그 까마귀 울음에
성황당 길 걷지 않았는지

애마의 겨울

말들아
먼동튼다
바람 또한 춥구나

그 바람
안고 뛰는
너희들도 춥겠지

뛰어라
더 힘차게
땀 흘리며 뛰어라

네 등의
이 몸에도
땀이 쭉 흐른단다

훈련 끝
그 수염의
고드름 내가 떼어주마

갈증의
차가운 물
물 한동이 떠놓았어

이제 끝
물 마셔라
시원하게 마셔라

울 엄마의 섬

들어오는 밀물
어디쯤 오고 있나
갈매기로 보아
저 섬자락 같은데
모래뭇 우리 아가
잘 놀고 있는지

아가야 엄마 간다
조금만 더 기다려
밀물이 나가라 하니
나가야 하는구나
기다림의 우리 아가
많이 많이 기다렸지

망태기에 바지락
굴바구니에 파래 걷이
그 비싼 굴은 못 땄어
들어오는 밀물이
나가라 하는구나
아가야 미안 엄마 손짓 보이니

겨울 적막

어제는 그렇게 칼바람이 불더니
잦아든 오늘 솔까레만 수북하다
먼 산 위 먼 하늘 구름 한 조각
저 구름 산 넘으면 해 기울어 저녁인가

서 있는 이 양지 누가 나를 바라볼까
날아든 새 한 마리 눈 마주쳐 날아가고
떨어진 솔까레의 그리움일까
그 시절 우리 엄마 솔까레 긁는다

• 3부 •

고무신의 언덕

인생은 구름이요
세월은 강물
날마다 지는 해에
하루를 얹고
그 하루에 보낸 시간
눈 감아 지운다
그래도 못 지워
단몽에 나타나면
허우적 허우적
식은 땀에 젖어들고
헛소리에 나오는 말
누가 나를 데려 가나
좋은 날도 있었고
웃은 날도 있었으련만
하루를 지우려 젖은 몸에 눈 감으면
그날은 왜 그리 안 보이는지
어쩌다 보이면 색동 옷 입고
그날도 아닌 며칠 지나 그 단몽 오면
무엇을 잡아보려 허우적 댔나
그렇게 하루를 단몽으로 지우는 밤

지금 이 삶이 그 꿈과 무엇이 다른가
아니면 잊어야 할 옛날이었나
긴줄만 알았던
꿈 같은 옛날
무엇 하다 다 잃었나
너무 허무 하여라
돌아보면 아무 것도 아닌데
그리 짧아야 했나
구름 같이 흘러온 곳
이 곳이 어디인가
강물에 던진 세월
어디쯤에 와 닿았고
내일이 있어 바라보면
그 내일도 어제와 같은 마음
무엇을 잃고 얻고 쥐었다 할까
오늘을 위해 그 세월에 속은 인생
더 가야 할 곳은 며칠에 들었는가
구름 같은 이 인생
몇 굽이 넘어 여기에 와 있고
마디마디 절이고 입어도 춥다

여름바람이 시원 하다 해도
잠깐 비켜선 음지 그 음지에시렵다
겨울이어도 여름이 보이고
봄 가을은 뼛속에서
그렇게 왔다 간다
다시 한 번 젊어보려
흰 머리에 물들였것만
빠진 이에 접힌 이 주름
누가 보아도 산귀신이 아닌가
저 앞산 떠나는 상여
뉘집 누가 북만산천 떠나는가
산 기슭 저 북소리 듣기 싫어라
그 많은 날 오늘 하루
또 하루가 저무는가
실타래에 감긴 정
언제 끊어질까

겨울 밤참

어멈들아
저녁들은 먹었니
오늘밤 우리 집에 오너라
내 화로에 불 가득 담아놓고 기다릴테니
간난이 어멈은 올때 빈 그릇 하나 들고 오고
무엇들이나 해먹었는지 오늘도 죽 끓였을텐데
눈 내린 어제 오늘은 달도 밝구나
내나 네나 계집 팔자라 하니 된박 팔자가 아닌가
내 너희들 집에 숟갈 종지가 몇개인 줄 다 알고 있으니
무엇을 속일까 뭐가 부끄럽고 다 그런거지
그 집들 내력까지 다 알고 지내 왔지
내 팔자는 별다른가 너희들 그 집에 들어오기 전까지
나도 굴곡이 심했어 밥술이나 먹는 것뿐이지
너희들은 무슨 복이 많아 시집 살이 그 잠깐이냐
말도하지마라 말도하지마
들어오는 날부터 엊그제까지 그 시집 살이 어떻게 말로 다할까
층층시하 구남매 모지리 시동생까지 유난 떠는 시누이 하나는 어떻고
그 시누이 어쩌다 오면 너희들이 보잖니

젊어서는 말도마라
그 고모부 속깨나 황색이 젓 썩듯 썩을 것이다
얼마 전 못 살겠다 연락 오더니 지금은 잘 살고 있는지 그 버릇 개줄까
그렇게 한 세월 꽃이 몇번 피었고 낙엽이 떨어졌을까
뻐꾸기 울음에 친정 생각 앞 논에 숨어 우는 그 뜸북새 울음
비 부슬부슬 내리면 마당 끝 맹꽁이 울음에 그리도 슬펐던지
겨울이면 식구 많아 다듬이질 빨래에 손 떨어질뻔 했고
그 고생에 있으면 뭐하니 차라리 없는 것이 낳지
그래 이렇게 저렇게 지난 세월이 오늘이구나
한때는 영감쟁이 때문에 속   어 죽을뻔 했지
장날만 되면 그 주막집 년에게 미쳐 안 들어오니
얼마나 속이   었겠니 쌀 말이나 퍼 나르고
시어머니 눈치 보느라 쫓아 가보지도 못했어
그래더니 몹쓸 병이들어 그렇게 먼저 가는구나
지금 생각하면 그냥 내버려둘 것을
애 어멈들아
내 이야기만 늘어 놓았구나

밥 넉넉히 해놓았으니 밥 비벼 먹자
너는 김치 광에 들어가 동침이 두서너 사발 퍼 오너라
무 그리고 삭힌 고추 넉넉히 더 띄우고
에미 너는 다락에 올라가 들기름 병 들고 내려오고
막내 너는 찬장문 열어봐
묵은 고추장 퍼놓았으니 그거 들고 오면서 짱아찌 들고와
나는 작년 봄에 뜯어 모은 산나물 볶아 무쳐놓았으니
그거 준비 해놓을께 문밖에 내놓았지
화롯불이 식었으니 그냥 비벼 먹기가 그렇구나
부엌 작은 솥에 불 살짝 집혀 살짝 집히려무나
그리고 아끼지 말고 다 넣고 비벼보려무나
간난 어멈 너는 갈때 들고온 그릇에 가득 담아 가거라
뭘 먹어 아이 젖을물리니 쌀 됫박 퍼놓았으니 들고 가고
너희들도 모자라면 오너라
내가 그거 못 퍼주겠니
작년에 고생들 많았다
암 많고 말고 그 바쁜데
이 늙은이 도와 주느라 고생들 했다

구름의 언덕

네 흘러가는 구름
머무를 수 없는지
바라보는 그리움
더 멀어지는구나

모은 마음 굳히려
이 언덕에 오른 마음
내 무엇을 버리고
저 그리움을 바라보나

보고 싶은 얼굴 아닌
동무의 모습도 아니고
돌아보는 지난날의
그 운명도 아니다

그저 허무한 마음에
알 수 없는 그리움
허공의 그 먼 훗날
운명의 길 바라본다

동무의 얼굴

동무야
먼 그리움의 너 보고 싶구나
세월이 흘러도 잊혀지지 않아
아니 너와 내가 누구인데 어찌 잊겠니
그 먼 누더기 보다
더 가까운 너 어느 하늘 아래에 있는지
힘들때면 너의 모습이 떠오르는데
오늘 따라 네 얼굴이 자주 떠올라 머물러 있어
그동안 어느 길을 걸어 어떻게 살았는지
이제 그 찌그러진 세월이 늙어 가는구나
나 그동안 많이 힘들었어
놓인 길이 운명이려니 이 길을 걸었지
딛어 뒤를 바라보니 다른 길도 없었고
너나 내나 언덕이 있어야 비비고
기댈 곳이 있어야 기대지
인생이란 이런 것이니
세월에 속아야 하고
나 이렇게 살았어
너 또한 어떻게 살았는지
하루를 읽으며 한 달을 기다렸고
그 한 달 채우며 내일을 기다렸지

몇번의 내일이 오늘 된 이것이니
오늘을 기다리려 그 세월에 속았고
돌아보니 모두가 허무하기만 하구나
산으로 들로 너와 함께 다녔던 곳
그 길만 못한길을 걸어 왔나 봐
모두가 허무하고 채우고 채웠어도 남은 것이 없어
다녔던 산 기슭 뻐꾸기 울음만 들리는구나
다니던 길 눈 밖의 꽃만 이제 피어나고
무엇을 찾으러 그리 다녔었니
겨울이면 어떠 했고 모두 기억 하겠지
동무야 어느 하늘 아래에 있는지
나의 모습 잊지 않았겠지
나 한번 기억 하기보다
눈 밖의 그 꽃들을 기억 해다오
세월이 덮었어도 들추면 기억 할꺼야
나는 우리 다녔던 곳의 꽃 보다
너를 늘 떠올려보곤 하지
힘들때면 더욱 더 그래
속인 세월이 야속 하고
그 세월이 너와 나를
멀리 아주 멀리 이렇게 떼어 놓았구나

뒷동산의 겨울

서산마루 뉘엿뉘엿 해 떨어지고
어제 곧던 저녁연기 바람에 흩어진다
누구의 집 연기가 먼저 끊어질까
이맘때 부는 바람 인생을 가르친다

내려놓은 지게의 무거운 나뭇짐
흘린 땀 식어가니 이제 그만 가라 하나
나뭇짐에 숨은 밤 얼만큼 더 길을까
노을에 찬 바람 지친 허기 달래어준다

추억의 놀이

등잔불 밑 그 시절 그렇게 자랐듯
전깃불 앞 아이들이 그 놀이를 얼마나 알까
그래서 웃고 저래서 울고
욕심에 싸우며 하루가 즐거웠다

밀고 당기는 즐거운 놀이들
추억 넘어 누구인가 즐기지 않을까
누가 누가 잘하나 얼만큼 따 모았나
네것 내것 따지며 모으고 던졌다

사랑의 꽃

너의 얼굴 그리면
그날들이 떠오르고
떠오른 그날마다
너의 모습이 아른댄다

모으고 모으는
우리 아름다운 날
파도가 휩쓴 약속
다시 오르지 않을까

잊어도 못 잊는
우리 인연 꽃피던 날
그 해당화꽃처럼
다음을 기다리지 않는지

구름의 약속

이 산 넘는 너
머무를 곳이 있는지
건너는 강 건너
쉴 곳은 있고

뒤돌아보지 말고
다시 이곳 오지 마라
네 쉴 곳이 못 되고
머무를 곳도 안 된다

이 다음 먼 훗날
뒤 따라가 만나거든
그곳의 모든이에게
처음 본 것처럼 해다오

이곳에서 나 보았다
말 흘리지 말고
다 버리고 가련다
너의 뒤 따르련다

문간의 운명

누가 너를
얻은 나 이해 한다
운명이 그렇다면 어쩔 수 없지
너 놓고 간 너의 에미
몇 번을 뒤돌아 보았겠니
그 귓가에 너의 울음 떠나지 않을 것이다
문간의 개가 짖어 쫓으려 나가 보았더니
포대기에 덮힌 네가 울고 있었지
안어도 울고 내려도 울고 네가 뭐 알겠니
이웃 에미의 동냥 젖 물렸더니
그제야 너의 울음이 그치는구나
사람은 누구나 처지가 바뀌는 법
어찌 내가 너의 에미를 미워 하겠니
그 사연 본 것처럼 다 읽겠구나
불은 젖 흐르는 너의 에미 마음
얼마나 아픈 마음에 어서 뭐나 얻어 먹었는지
간난아
너는 이제 내 자식이야
내 길러주마
무럭무럭 잘 자라다오

사내놈이니 내 아들로 아주 잘 됐구나
나도 이런 복이 있었네
너의 에미 운명도 그럴 수 밖에 없었겠지
팔자에 없는 자식 나는 어떻고
들어온 복덩이이니 잘 자라다오
아마도 누구인지
너의 에미 이곳 찾아
먼 발치서 너를 몇 번이고 바라볼 것이다
귀 동냥도 할 것이고
내 너 업고 장에 다녀올 것이니
오는 가을 나 하고 이곳을 떠나자

할머니의 겨울

동 틔우는 아침연기
된장 찌게 졸아들고
화롯불 담는 할머니
하루 수다에 바쁘다

오늘은 누가 오려나
고구마 좀 쪄놓을까
몇개는 화로에 묻고
나머지는 누구 주나

아침 나절 까치짖음
짖는 까치 내려보고
퍼오는 동침이 국물
툇 마루에 내놓는다

구름의 강

아니더라
세상은 다 아니더라
하루해 지는 것 처럼
어두우면 그만인데
무엇을 보고 이 귀에 담았는가
돌아보면 그 짧은 세월
하룻밤의 꿈이 아닌가
바라보는 욕심의 시간도
병들고 잠들면 그 며칠도 하룻밤 꿈
앞세운 욕심에서 무엇을 얻을까
웃음도 웃어보니 웃을 때나 친척 이웃
낳아 길러보니 그 자식도 품안의 것이더라
남은 것 하나 주머니에 넣은 것
들고 갈 수 없으니 누구의 것인가
그것도 떠나기 전 눈치가 다르더라

까치의 그믐

열 손가락 안 섣달 그믐
쌀독의 쌀 하루가 다르고
손가락 접는 아이들 설 기쁨에 즐겁다
쌀 내려 가는 쌀독의 쌀
정월 보름이면 얼마나 더 내려 갈까
즐거움의 아이들 손 꼽아 기다린다

아이들이 무엇을 알겠나
그저 좋다 하는 아이들
이리 뛰고 저리 뛰고
어른들 얼굴에 수심이 가득 하다
이 설 지나 보름이면 그 다음 날 깎이는 달
다 깎아 내리면 논 밭일 다 어떻게 하나

배불뚜기의 설

누구의 시집인가
친정 엄마 나 보내며
시집 일 잘 하거라
눈에날 짓 하지 말고
잘 배워 잘 하거라
눈 감고 귀 닫고
썩으면 삭혀라
먼 훗날 꺼내면
모두 이야기 거리다

부엌일 많은 설
언제 다 장만 하나
밤이면 다듬이질
들어온 솜 이불 짓기
다듬이 돌 홍두께 소리
등잔 심지 타 들어가고
졸음에 졸다 다시 두드리면
어느새 첫닭울음
새벽을 깨운다

외로운 그날

들어선 이 길인가
아니 들어설 수 없었던 날
어쩌다 잃은 얼굴 그리움만 쌓여간다

뿌리친 그날인가
그 모를 마음 왜 그랬던가
잡아 주어도 싫다 했던 나 투정이었다

내가 너무 했었나
그때 그러지 말았을 것을
만남부터 나에게 그런 사랑 쏟았는데

놓아준 그날인가
나 어디에서 무엇 했었나
뉘우쳐 불러보고 그리움에 떠올린다

나 버린 인연인가
오늘이 나를 어떻게 했나
지울 수 없는 그날 다시 한 번 그려본다

인연의 설

어려서 온 외갓집 몇 년 만인가
나 보고 아가씨라 하니
이 긴 머리를 누가 길러 주었는지
앞 냇가의 버드나무 그대로 있고
나물 캐던 보리밭 둑 뒷동산이 안 보인다

그래도 반겨주는 냇가 길 버드나무
저기 저 곳은 미나리 뜯던 곳인데
집 몇 채에 가려져도 그때가 보이는 듯
나 좋아 했던 오빠 어디쯤서 살았었나
궁금한 오빠의 모습 살며시 스쳐 간다

연락이 닿으면 만나 볼 수 있을까
며칠 묵을 외갓집 누가 나를 찾을까
코흘리게 때의 그 오빠 고향을 지키는지
듣고 싶은 오빠의 소식 어떻게 들어야 하나
설레임에 오가는 이 곁눈으로 보아진다

허공의 설

아침상 물린 하늘
까마귀 맴돌고
양력 설 그 며칠
초하루가 밝았다
뛰는 아이들 좋아라
무엇이 저리 좋을까

까마귀의 초하루
까치는 안그런가
높이 나는 까마귀
짖는 까치 내려보고
둥지 안을 엿보는지
암 숫놈 번갈아 운다

쉼 없는 까치의 짖음
둥지 빼앗길까 저리 짖나
바라보는 한숨의 허공
어머니의 설이 몇 번 될까
부엌 참견 못하고 뭉치는 어머니
그 작년 올 하루가 다르다

섣달의 마음

보내는 송년 어디쯤 갔나
그렇게 쓸쓸히 나뭇가지에 걸치더니
섣달 그믐 음력에는 없는 나이에 주눅 든다
싫어도 얹는 나이 이것이 세월인가
아니면 그 세월에 얻는 것이 인생인가
욕심에 해야 할 일 하루가 짧아지고
담어도 채워도 내일이 모자란다
돌아보면 서운한 모진 시간들
못 내린 이 무거운 짐 언제 내려놓을까
잡히는 살가죽 늘어나는 주름살
굵어진 열 손마디 무엇을 더 집으려 하나
발꿈치의 굳은 살 더 멀리 가자 하고
거울 속의 흰 머리 물들여달라 조른다

파도의 설

외갓집 섬 멀리
밀물 들어오고
그리움의 갯벌
그늘에 덮힌다

깃 여민 갈매기
외로움의 울음
저 먼 섬 싸리문
울엄마 부른다

고향의 달

우리 초가 나뭇가지 위
초승달이 걸쳐 있었고
둥그런 보름달은 뜨락을 빛추었다

저기 저 반달 언제 차오를까
지붕 위 반달 차오르다 넘어가고
다음날 다시 이그러져 떠올랐다

장독대 옆 담 넘어 구름 뒤에 숨은 달
어머니 혹시라도 장독대 둘러보던 날
나와 함께 외갓집 가는 날 짚어 주었다

섣달의 밤

다시 한 번 인생을 돌아보는 시간
그 세월에 여기까지 몇 굽이를 넘었나
짧다면 짧은 시간 그렇게 길었는지
한숨의 그 많은 날 되돌아보니

저무는 일터에 인생도 기울고
이 나이 채우느라 여기까지 와야 했다
욕심의 것 못 채우고 돌아보는 인생
반쯤의 주머니 것도 세월이 빼앗지 않나

몇 가지 기억으로 어루만져 보는 그날
저 지는 해 따라가면 어느곳에 닿을까
잃은 기억 찾아 오던 언덕 꽃에 섞는 마음
그 철새 울음 꺼내어 다시 듣는다

• 4부 •

하얀 찔레꽃

그동안이 아니라
그리움이었어
못 잊을 너의 얼굴
보고 싶구나

하늘 아래 있다면
어느 곳에 있는지
밤새워 찾는 밤
찾을 수가 없어

둘만이 찾았던 곳
그곳에 가면 있을까
못 찾으면 돌아와
그날을 기다릴까

그날도 못 찾으면
이대로 지워야 돼
나 아직 못 지워
못 지우겠어

하얀 밤

앉아 있다
일어 났다
이리 뒤척
저리 뒤척
그리움에
섞는 시간
너무 길고
밤도 길다
창문 열어
별을 볼까
백지장에
낙서 할까
이름 없는
얼굴마다
그리움에
젖어들고
틀어보는
음악 한곡
가슴 여며
들려준다

내일이면
이 창문을
누구라도
두드릴까
설레임의
기약의 밤
누가 나를
찾아줄까
아닌 것을
알면서도
그 누구를
기다리나
기다림의
외로운 밤
두드려 줄
사람 없고
흘러나온
노래만이
못 드는 잠
재워준다

까마귀의 은혜

하늘 높이 허공에 생명의 약속
저 높은 하늘에도 매의 적이 있었는가
잡혀 먹히면 어떻게 하나
집비둘기 떼 뭉쳐 하늘을 헤매고
더 높이 매 한 마리 비둘기 잡이에 맴돈다
맴돌다 내리 꽂혀 뭉친 비둘기 헤치는 모습
꽂혀 내리기 한 두번에 비둘기 떼 흩어진다
그 다음 목표는 어느 비둘기를 낚아 챌 것인가
이 무렵 까마귀 몇 마리 비둘기 떼에 섞이더니
내리 꽂는 매에게 짖어대며 쫓는다
까마귀와 매는 서로 싫어 하는 것일까
아니면 힘이 세어 서로 못 건드리는 것일까
내리 꽂으면 쫓고 또 내리 꽂으면 쫓고
지친 매 어디론가 멀리 날아간다
먹이 찾던 비둘기 떼 얼마나 놀랬을까
몇 마리는 무서워 오던 곳으로 도망 가고
나머지는 쉼터에서 깃 고르기에 평화롭다
도망간 비둘기 하루 종일 굶주릴 것인데
나머지 비둘기나 도망간 비둘기나
잡혀 먹히지 않았으니 얼마나 다행인가

힘들어 보이는 까마귀
비둘기 바라보며 짖어대는 소리
짖는 그 소리 조심 하여라 하는 것 같았다
까마귀도 날아간 평화로운 허공
우리들이 까마귀를 얼마나 미워 했나
조상때부터 미워해온 까마귀의 진실
다시 한 번 뉘우치며 까마귀를 바라본다

뻥튀기의 눈물

뻥이요 뻥
뻥튀겨요 뻥
쌀 튀기 콩 튀기
뻥이요 뻥
뻥튀기 아저씨 외치는 소리
동네 어귀 들어오며 뻥 튀겨라 외친다
들리는 듯 외치는 굵고 가느란 소리
눈치 챈 아이들 집으로 달려가고
뻥튀기 아저씨 마당에 자리 펴놓는다
열 많은 참나무 장작 짧게 쪼개는 아저씨
집히는 불에 담배 피우며 이리 저리 둘러본다
그 세월을 돌리는 듯 뻥튀기 기계 돌리는 아저씨
윤기 흐르는 쇠철망 뻥자루도 그 흔적이 아닌가
이집 저집 소쿠리에 쌀 담은 집 콩 담은 집
누구의 뻥튀기가 몇 됫박에 더 많을까
부자와 가난이 소쿠리에 담겨 있다
구경 하는 몇몇 아이 뉘집 아이가 못 튀기는 집 아이인가
눈치 보는 아저씨 다 알고 모르는 척 한다
튀기다 쇠뻥자루에 슬쩍 한 줌 남기는 아저씨
못 튀기는 집 아이들에게 한 줌씩 나누어 준다

아이들 좋아라 한 줌 얻어 뛰는 아이들
그 아이들 뻥튀기 한 줌에 눈물과 웃음이 오고간다
굴뚝 뒤에 숨어 우는 뻥튀기의 슬픈 눈물
다 튀기고 떠나는 저녁 나절의 아저씨 모습
그 아이들이 어찌 뻥튀기 아저씨를 잊을까
저녁연기에 섞이는 뻥튀기의 눈물
그 눈물 가슴 깊이 저녁 죽 한 그릇에 섞인다

사랑의 하늘

먼 하늘 바라보면 더 멀어지는 모습
가까이 나뭇가지에 그리움으로 걸친다
못 잊을 처음은 멀어도 가까이 있는 것인지
그리운 지난 날 하얗게 바랜다

시간에 꽃 피워 세월에 그리는 그림들
우리 둘이 보던 꽃 중 어느 꽃이 안 예쁠까
더 예쁜 너의 얼굴 꿈 속에 묻어놓고
오늘도 노을 따라 추억에 젖는다

타향의 마음

버리고 떠난 고향
누가 나를 찾을까
찾아가 둘러본들 누가 반겨주고
산소 하나 캐내어 냇물에 띄우고
마음 접어 지우면 모두가 그만인데

떠나던 고갯마루
찾아온다 하던날
그 고갯마루에서 얼마나 울었나
넘으며 굳힌 마음 나 버린 고향
보고픈 고향산천 마음이 돌아선다

고향 언덕

힘들어 쉬어 가고
나들이 길에 오르던 곳
그늘진 여름이면
바람 불어 시원 했고
나뭇짐의 겨울이면
쌓인 눈에 추웠다

보이는 들녘
한 눈에 보던 곳
봄 안개에 가려져
하늘만 보였고
걷히는 아침 나절
점심때 돌아오면

살구꽃 복숭아꽃
보리밭이 드러났다
산나물 기슭 아래
찔레꽃 피었던 곳
아카시아꽃 날릴 무렵
뻐꾹새도 울었다

그믐의 일기

양력은 한 달을 읽고
음력은 그 마음을 읽는다
남고 모자람이 어느 달에 들어있나

보태고 빼낸 하루
그 시간이 하루 한 달인가
주머니의 일 년은 어느 곳에 숨어 있나

고갯마루의 설

아이들 북새통에
사람 사는 것 같았는데
보내고 돌아서니
혼자 쓸쓸하구나
낮에는 그래도
마실꾼이 놀러와
이 이야기 저 이야기
친정 자랑에 시집 흉
더러는 자식 자랑까지
그렇게 지냈는데
부엌조차 쓸쓸히
그릇마다 삐뚤구나
하소연에 섞인 세월
오늘 밤은 누가 올까
기다림의 마실꾼
화롯불 식어가니
혼 자하는 그 푸념
미친 것 같구나
늙어도 청춘의 몸
옛날이 좋았는데

나서면 따라오고
멀리서 하는 시야까시
못 들은 척 못 본 척
어디 그것뿐인가
봄이면 나물 바구니에
무엇이 담겼었나
흘러가는 구름 위
찔레꽃 따 얹던 날
춤 띄우는 봄버들
지금도 그 봄버들
춤 띄우고 있는지

순서

엊그제 성턴 니
멍들어 흔들리고
뼈속에 바람들어
마디 마다 시렵구나

윤기나는 머리카락
귀찮어 했었는데
이 얼굴 꽃 피워준
그날이 언제인가

하나 둘 빠진 머리
하얗게 물들고
빗을때 그런대로
이제 보기 흉하구나

한 걸음이 한 발짝씩
마음만 앞서는 몸
끌리고 뭉쳐지니
굽힌 허리 안 펴지네

딛고 서니 앉고 싶고
앉으니 누울 마음
살점마다 빈 가죽
괜스레 눈물 나네

보이는 것 그만두고
담은 소리 서운하다
보는 이 뭐라 하나
눈치만 느는구나

망령이라 하는 구박
하고 싶은 말 한마디
이 말도 망령인가
나쁜 놈들 또 그러네

품안의 그 사랑은
그러지 않았는데
벗어난 큰 사랑이
이렇게 괄시 하니

끌고 뭉쳐 나간 마루
보는 하늘 더 멀다
십리 같은 이 툇마루
저 구름이 데려 가나

오가며 왜 나왔냐
보기 싫고 냄새나나
그 소리에 서럽구나
한 번 가면 그만인데

설날

때 되면 부모 찾기
누가 만든 법인가
모여 앉은 식구들 대견하구나
저것들이 다 내 속에서 생겨났나
큰 놈부터 작은 놈까지
저 두년들 키우느라
그 세월 다 보내고
내 안 해보고 안 간 곳이 어디에 있겠나
그래도 설이면 에미라고 찾아 오니
손에 들고오는 것은 입히고 먹일 것인가
그래 너희들도 살아보니 에미 마음 알겠지
서운하다 하던 놈들
투정하던 두 년들
제 새끼 귀엽다 물고 빨고 얼러주네
더 있어라 더 있어야 안다
너희들이 뭘 알기나 아니
네 새끼들 다 크거든
주책 같은 에미 마음 한 번 더 읽어 주렴

신혼

첫 만남의 그날도
이 결혼의 기쁨도
둘만이 가야 하는
그 사랑의 길인가
둥지안 이 첫날밤
들어선 운명의 길
딛어 가는 내일은
어느 길이 놓일까
언덕에 내리막 길
가시밭도 있을까
돌아서지 못하는
둘이 가야 하는 길
비교가 괴롭혀도
참고 참아 가는 길
비 오고 눈 맞아도
변치 않고 가는 길
영원한 사랑 위해
행복 찾아 가는 길
가는 세월 그 잠깐
서로가 가엾은 길

내일도 처음 처럼
희생 해야 하는 길
먼 훗날 그날 위해
서로 아껴 가는 길
그리고 마주보며
눈물 닦아주는 길

울고 싶은 날

울고 싶은 오늘 하루
하늘이 다르고
품 밖의 모든 것이
새롭고 차갑다
놓여지는 모르던 길
어느 길을 딛을까
딛자 하니 넘어지면
일으켜 줄 사람 누구이고
그래도 딛어보니
바라보는 눈초리들
이제 가야 하는
나만의 길인가
더 먼 길 짧은 길
언덕에 비탈 길
살펴 딛고 가자 하니
못 보던 것 보이고
웃는 이 비웃는 이
무엇 보고 저리 웃나
좋은 것은 내것이고
네 것도 내것인 세상

눈 감으면 거짓까지
그것을 어떻게 알까
비 오면 우산 들고
내리는 눈 털어야 하는
가슴 속에 놓인 길
이것이 인생인가
아니 가면 안 되는
꼭 가야 하는 길인가
울고 싶은 오늘 하루
하루가 저문다

봄 소식

봄이어도 추운 겨울
추워도 너희는 봄이었나 봐
볕 쬐는 버들강아지
냇물에 어리고
녹는 얼음 졸졸졸
징검다리에 머뭇네

잃어버린 보리밭
그 아롱대던 아지랑이
함께 떠난 수수깡 울
개나리꽃 잘 있는지
나들이의 병아리 떼
고향 찾지 않을까

하얀 노을

집 찾는 산새 소리
먼 하늘 낮아지고
한 걸음에 또 한 걸음
석양에 묻힌다

더 낮아진 저 구름
산 못 넘어 낮아질까
굴뚝마다 저녁연기
뉘집 찾아 묵어 가나

바라보는 석양 하늘
노을 불러 모으고
저녁바람 쓸쓸히
여민 옷깃 내린다

겨울의 봄

봄인가 싶어 보면 봄도 아니고
그렇다고 겨울인가 하면
겨울이라 하기에 좀 그렇다
하루 하루가 다른 바람
이 바람을 누가 알까
몇 십년의 그 시간
별 보고 가는 일터
일터의 작업 시간
그 시간만이 아는 절기일까
아니면 일터 나뭇가지의 움일까
시간마다 다르고
아침 저녁으로 다르다
내음도 봄 내음인 듯
털 갈이 말이 먼저 안다
냇물은 알려나
숨어 있는 그 봄을
음지에 남은 얼음
힘 없이 부서지고
한 쪽에 냉이 싹
또 한 곳에 겨우살이

기다림의 봄 이 마음도
봄맞이에 조바심 난다

봄 동무

코흘리게의 살림살이
무엇이 부족할까
울 밑 양지에 한살림 차리고

쓰러진 집 울 뒤 찾아
사금팔이 모은다

항아리 깨진 것 접시 깨진 것
그다음 운 좋으면 이 빠진 그릇 줍고
주워온 기와장에 큰 밥상 차린다

굴뚝의 보름

법이 있어 모여들고
그 법에 마련한 음식들
그렇게 준비하고 마련 했어도
차례상에 못 올린 음식이 있어
조상님께 얼마나 죄가 됐나

그렇게 저렇게 지낸 초하루
넉넉지 못한 살림에 어떻게 다 마련할까
아이들에게 미안하고 이웃 부끄럽던 초하루
보름이 가까워도 씻혀지지 않는구나
올 한 해 풍년이면 그 죄를 씻을까

식구 모두 건강하고
얻은 논에 앞 뒷밭 무엇을 심어 가꿔야 할지
소원의 그 풍년 보름달에 빌어 볼까
오곡밥에 묻힐 나물 조상님께 부끄럽다
열나흘 보름달에 소원성취 올린다

보름날의 봄

춥다는 겨울 지났으니
이 보름 지나면 봄바람 불겠지
소나무 헤집는 칼바람은 아니지만
옷깃에 스며들면 그 바람만큼이나 무엇이 다를까
양지는 따뜻한데 음지는 아직 겨울
그래도 절기의 맞춤에 보리밭 파래지고
울 밑 개나리 그다음 진달래
며칠 더 지나면 복숭아꽃 피겠지
그렇게 지난 겨울 보름달에 묻힌 하루
새 소리부터 다른 봄 거미줄 바구니 언제 내릴까
한 일레 두 일레 하루가 다른 봄
목깃 세우는 암닭 알 품는다 화가난 봄
암닭만 그럴까 암닭이 안 따른다 수탉 두리번 화가난 봄
울 밑 개나리 노랗게 띠 두르면
병아리 어미닭 따라 나들이 하겠지

고향의 밤

고향의 밤

초판 1쇄 발행 2023년 8월 14일

지은이 이원문

펴낸이 임병천
펴낸곳 책나무출판사
출판신고 2004년 4월 22일 (제318-00034)

주소 서울시 영등포구 신길3동 325-70 3F
전화 02-338-1228 **팩스** 0505-866-8254
홈페이지 www.booktree.info

ISBN 978-89-6339-717-7 03810

고향의 밤

이원문 시집

책나무출판사

목차

1부

2부

3부

4부

• 1부 •

파도의 밤

보이지 않는
미련의 밤바다
어둠의 파도 소리
파도 따라 돌아가고

다시 돌아와
부서지는 소리
밤바다의 하얀 날
그 등대불 바라본다

주막의 여름

새벽 일의 논과 밭
한낮의 뜨거움
이 뜨거운 들녘
누가 나갈 것인가
뜨거워도 나가야 하는
어머니의 마음
콩밭으로 텃밭으로
얼마나 뜨거운가

주막의 아버지
그 마음을 아는지
새벽녘 물꼬 보고
일 다 했다는 아버지
싹 차려 입고 나서는 길
어디 가시나
썩는 속의 어머니
화가난 어머니

옛 노래와 함께
주고 받는 혼잣 말

팔자 걸음의 아버지
누구와 말 하나
행길이 좁을새라
비틀대는 아버지
어머니 바라보며
잔뜩 벼른다

끝 장마

그만 내려도 되련만
많은 비에 더 내리니
고향 들녘 걱정 되고
태풍에 더 내릴 비
얼마만큼 더 내릴까
세찬 바람까지 불어와
뒤집어놓을 논과 밭
그 시절 옛 바람 처럼
또 다시 덮칠까
그 바람 얼마나 무서웠나
날아간 생철 지붕
넘혀지고 쓰러진 곡식
그 곡식은 그만 두더라도
뒤집힌 그 초가에
비 들이쳐 젖은 멍석
얼마라도 건져 볼까 일으켜 세울
그 논의 쓰러진 벼의 모습
땔나무 조차 젖어 들어
문간 바람에 말리지 않았나
곡식 영글리는 논과 밭

아까운 것을 넘어
안탑까웠고
쓰러진 벼에 무너진 풍년
그저 하늘만 바라보았던 날
허무한 꿈의 들녘
그런 끝 장마였었지

매미의 가을

매미 울음의 끝자락
그 울음 더 멀리
여름도 아니고
가을이라 하기에
그것도 좀 그렇다

허공 젓는 고추잠자리
꿈 앉힐 곳 어디에
이 곳일까 저 곳일까
눈치 보며 앉힐 듯
수줍어 날아 가고

마음이 그러한지
하루가 다른 느낌
바람부터 다르니
가을 문턱 들어서나
바뀌어진 그림자

노루 꼬리 짧아지고
뭉게 구름 건너편

흩어지는 구름 떼
밤벌레 시샘에
귀뚜라미 한 몫 한다

이혼의 밤

처음의 우리 사랑
그 사랑도 행복 할까
모은 별 그 바닷가
그 조개 껍데기

두번의 우리 사랑
그 속에서 숨어 울까
수많은 별 속삭임
다 어떻게 하나

마지막 바라보는
그 눈빛에 묻어둘까
내일이면 그 안녕
나 어디로 가나

노을의 골목

누구라도 나를
이 나의 모두를 아무도 몰라요
한숨에 보는 하늘
외로움의 골목 길

누가 이 마음을
이 나의 마음을 읽어 줄 수있나요
돌아보는 지난 날
바라보는 먼 훗날

나의 그 많은 날
오늘이 그날을 읽을 수 있을까요
아무도 몰라요
나의 이 마음도

그저 운명만이
먼 훗날 그날까지 헤아리겠지요
지난날 그렇게
아는 내일도요

꽃

꽃은
이름이고

그 모습
모습이 꽃이다

태풍의 바다

하얀히 높은 파도
저리도 높을까
산더미의 높은 파도
밀려 오다 부서지고
더 거세게 밀려와
벼랑 밑 후려친다

검푸른 밤바다
밤바다는 안 그런가
안 보여도 그 소리
더 높이 부서지고
파도 미는 큰 바람
모두 휩쓴다

코로나19의 밤

갈 수록 좁고
어려운 세상
여기서 안 된다
저기에서 잘못 됐다
안팎으로 싸움질
광란의 아우성
무엇 위해 싸우며
누구의 뜻이 옳은가
입 막고 보는 이
서로의 그 눈치
여기 저기 띄엄 띄엄
사람 간격 벌어지고
약은 없어도
방법 많은 전염병
끝내는 탓으로
어느 방법이 맞을까
이 긴긴 전염병에
바닥 드러난 살림 살이
어려우니 도와 달라
없어서 못 도와준다

우정 인정 다 끊긴 세상
가족은 안 그럴까
가뭄의 가족 인정
그마저 얼어 붙고
일터에 일 끊기니
살림 살이 더 어렵다
그것은 그만 두더라도
크고 작은 빚 투성이
일터가 있어도
쌀 반 됫박 되는 일터
아무리 줄여 보는 삶
더 이상 줄일 것 없고
졸라 매고 줄이니
절망감에 빠진다
내일이 두려운 세상
이 코로나에 걸렸다 하면
누가 나를 찾을까
나 또한 누구를 찾아야 하고
이제 믿을 곳 없고
기댈 곳 없는 세상

나라의 문화까지
어떻게 하다 이렇게 됐나
피땀 흘린 조상님들
그때 그 시절에 전염병이 돌면
그래도 이웃과 함께
그 아픔 함께 나누었고
인정이라도 있었다
모두가 다 모두
돌아 보면 훈훈하게
정 많었던 시절
이제 이 모두 어떻게 하나
이 안개 같은 코로나
자욱히 낀 코로나
온 나라를 병으로
언제 없어질까
더 번져 나가는 코로나 전염 병
생활도 목숨도
모두를 빼앗는다

세월의 그늘

한 번 왔다
그렇게 가는 인생
보이는 저 허공은
누구의 하늘인가

멍이든 그 세월
드는 병에 주눅드니
이 눈 안의 것이 무엇이고
담은 귀의 것이 무엇인가

처음 뒤에 숨은 세월
때 저무니 나와보나
백발에 빠지는 니
어디에 놓아둘까

귀뚜라미의 기억

이 한밤의 그날들
하루 일 년이 멀다 하고
그리 멀어져야 하는지
흑백 사진이 데려온 그날
못 잊어 떠 오르고
가슴 한 곳의 그 그늘 찾아
기억의 징검다리 딛고 또 딛는다

짧게 딛으면 이런 일 저런 일
조금 더 멀리는 어려서 생각나고
괴로워 건너 뛰며 헤아리는 밤
웃어도 보고 울어도 본다
세월에 묻어간 그 시절 그 시간
크고 작은 그 많은 사연
어떻게 다 헤아릴까

어느 것 하나 빼놓을 수 없는 밤
지워지지 않는 일 지워지는 일
이 모두 겹치고 겹쳐진다
이제 모두모아 꿈이었다 해야 하나

긴 실가닥이 가는들 얼마나 더 가느를까
실패에 풀리는 멀고 먼 그날들
풀어도 풀어도 끝이 없다

회고의 종소리

넘는 해에 보는 세상
나 여기 이곳 왜 와야 했는지
누가 보내 왔는지
이것이 탄생이고 왔다 가는 건가요

보이는 것 마다 하나 둘
넣은 눈의 것 지워지고
귀에 담은 그것은 안 그럴까요
모두가 다 흐려져 가고 있어요

얼마쯤 머물다 떠나는 세상인지
비웃음의 풀이파리에게 물어 볼까요
눈 감아도 보이는 세상
뜨는 해가 보낸 마음의 빛인지요

밤 낮으로 눈 감으며 지우는 마음
이 모두가 다 지워지지 않아요
그러다 다 잃고 아주 지워지면
그것이 얼마쯤의 영원한 밤인가요

나의 발견

하늘의 구름 처럼
흘러가는 인생
저 구름 따르면
어디로 가나

머무는 여기 이곳
여기의 이 곳이
영원한 자리일까
나 가면 어디로 가나

버려도 잃어도
그래도 남은 것
저 구름도 그랬을까
나 뒤 따르면 어디로 가나

초가의 흔적

언제인가 찾았던
고향 집이였는데
그때는 복숭아꽃
담 아래 돋아난 쑥

언저리에 새파란히
방초 투성이었고
끄을린 집 쓰러져
너무 보기 싫었다

이번에는 안 그런가
돋은 방초 무성히
넝쿨 가닥 이리저리
더욱더 보기 싫었다

나뒹구는 석가래에
끄을린 구들장
좀 먹으며 썩는 기둥
저 기둥에 얼마나 기대었나

나 살던 여기 이곳
누구라도 집 지으면
다 지우고 잊고
아련한 기억으로
그림이 되었을 것을

일생의 양지

널 위의 행복은 그 사람의 마음
행복으로 짧게 가는 이
불행으로 길게 가는 이
있어서 길게 가는 이
없어서 짧게 가는 이
그와 반대로 길고 짧게 가는 이
그저 그렇게 바꿔가며 가는 이

같은 끝의 길고 짧은 시간
누구의 어느 시간이 많고 적다 할까
끝까지 가는 다 다른 방법의 길
마지막 그 순간은 안 그렇겠나
구분의 남과 여 숙명으로 태어나
운명의 다리 건너 그렇게 가는 길
두고 가는 이 세상 그 시간이 얼마나 될까

여름의 꼬리

하루 이틀 사나흘
이렇게 다를 수가
저울 위 여름 가을
가을 추 내려가고
물도 따라 차갑게
그 여름 다 식었다

가을에게 밀린 여름
이제 그만 가야 하나
매미울음도 멎은 듯
귀뚜라미 밤새우고
씨앗 맺는 들녘의 풀
한시 하루가 바쁘다

기다리지 않았것만
슬그머니 찾은 가을
이제 얼마만큼이나
이 마음을 빼앗을까
떠난 여름 가을 문턱
하늘 한번 올려본다

슬픈 영혼

이 몸 빌어 찾은 세상
여기가 이런 곳
몸 두고 떠나면 다음도 그럴까
다음이 있는지 아니면 없는지
있다는 영혼의 곳 그 곳이 어디일까

핏줄 따라 한 번 오면
정 두고 가는 것
을 몸 끊길 정 이 혼도 그럴까
보이지 않는다 외면한 사람들
있다는 다음의 곳 어떻게 가야하나

그곳 찾아 가는 이 혼
나를 왜 못 보나
더럽다 버린 몸 그 몸에 가렸나
이제 떠나야 하는 거짓 정의 꿈
그 짧은 꿈 두고 어느 곳 찾아 갈까

여름의 가을

더위 거둬 떠나고
떠난 자리 찾아 오고
떠나며 남긴 흔적
그것이 여름일까
낮은 구름 더 높이
바람부터 차가우니
나뭇잎 힘 없이
움추려 흔들린다

찾은 가을 더 깊어
구름 흩어지면
단풍으로 물들일 산
들녘은 안 그럴까
하늘 높이 새털 구름
머리 위 수놓으면
여름이 언제였나
억새밭 하얗겠지

사랑의 질문

나는 너를
사랑 했다
처음 처럼
또 그렇게
주고 싶은
이 모두를
날마다 더
주고 싶어
나의 모두
그 모두를
네 것으로
만든 다음
하고 싶은
말 한마디
나 사랑해
묻고 싶다

억새꽃의 밤

구름에 가린 달
언제 벗어날까
기다림에 보는 하늘
맡은 별 반짝이고
벗어난 달빛에
다시 숨는다
언제인가 맡았던 별
저 별이 내 별일까
그때 나의 별이라
내가 그랬는데

구름 벗어 비추는 달
다음 구름이 가리면
얼마를 또 기다릴까
그러면 나의 그 별
다시 보게 되겠지
달 속에 담긴 마음
그 많은 기억들
오늘도 담아야 하는 마음
무엇을 담을까
억새풀의 노래 달빛에 어린다

• 2부 •

수수밭

수수잎 노래 하는
달빛 어리는 밤
어제는 이슬 내려
그 노래 멈추더니

이 깊은 밤 오늘
그 바람 다시 분다
내일 또 이슬 내려
그 노래 멈추면

수수밭에 뜨는 저 달
누구의 달이 될까
바람 불면 노래 하고
이슬 내려 멈추고

외로운 수수밭
달빛의 슬픔인가
깊어 가는 가을밤
기러기 멀어진다

찢어진 세월

입 막고
코 막아
공기 걸러 마셔야 하는 세상

어쩌다
못 잊을
이런 세월을 만났나

찾아도
들려도
서로가 싫은 세상

들은 정
쌓은 정
그 정에도 전염 되나

끊길 정
끊은 정
가엾어라 어떻게 하나

이것이
기다린
그 먼 훗날의 오늘인가

다 접힌
이 세상
희망의 날이 언제 오나

가을의 기억

바람 솔솔 높은 하늘도
그때 그 가을
누구의 그림이
이 나의 그림만이나 할까

잃어버린 뒷동산
그 넓은 들녘
다랑이논 기슭까지
다 어디 갔나 어디로

녹두밭 수수밭
묶어 세운 참깨단
넝쿨 뻗은 고구마밭
그 콩밭은 안 그렇겠나

저녁이면 꺾어온 콩
마루 끝에 앉아 까 밥에 넣고
한낮의 고된 시름
지레먹이 밥이 달래어 주었지

해 넘어 밤이면
마지막 귀뚜라미 울음
달이라도 떠 오르면
이슬에 장독대 흠뻑 젖었고

넘어온 가을 보릿고개
메뚜기는 알려나
툇마루 끝 기러기 울음
그 달빛에 멀어졌지

나라 사랑

나라 살림
어떻게 하나
누가 납세를

세금 부족
바닥난 국고
누가 메우나

이 나라를
누가 지키고
누가 일하며

더 줄어든
우리의 인구
누가 채우나

나의 나라
조상의 나라
이 흙밟는한

나라 없이
내것도 없고
네것도 없다

국민 없이
나라도 없고
민족도 없다

누가 세운
이 나라인가
당신의 나라

아부지의 일기

우리 아부지는
너무 무서웠다
기침 소리만 들어도 무서웠던 아부지
술 주정뱅이 우리 아부지
작대기로 더듬는 우리 아부지
쇠꼴 안 베어온다 밥 굶기고
말 안 듣는다 집에서 쫓아냈다
그것도 보릿고개의 보리밥이었는데
그것마저 굶고 쫓겨나야 했다
비우가 틀리면 또 어떻게 어떤 일이
날마다 눈치 보며 그 눈치에 살았다
겨울이면 땔 나무에 나뭇지게 못 벗었고
눈 쌓이고 내려도 하루 한 짐씩 꼭 해야 했다
쫓겨난 밤 그 달밤의 달이 어찌 나를 잊을까
허기에 물 한 모금으로 새워야 하는 밤
그 어두운 밤하늘의 별 새벽 닭 울음이
이 허기진 배의 마음을 얼마나 헤아렸을까
그렇게 저렇게 구름 따라 흘러간 세월
아련한 그 세월 저 먼 하늘에 묻는다

가을 하늘

꿈 담었던 뭉게 구름
더 높이 흩어지고
냇가 길 옆 황금 들녘
허수아비 잠 재운다

작년 겨울 하얀히
눈 덮혔던 들녘
여름날 그렇게 뜸북새 울더니
이제 황금의 들녘 가을이 되었나

메뚜기 떼 참새 떼
훠이훠이 새 쫓는소리
수수밭 위 새털 구름
얼마나 더 들어올까

이 논 저 논 넘나드는
메뚜기의 들
겁 많은 참새 떼
허수아비 비웃는다

고향의 들길

얼마나 다녔던
이 길이었나
싫어도 다녀야 했던 이 들녘의 길
모내기에 벼베기
여름날 물꼬 보기
물꼬만 보았겠나
짓누르는 지게의 짐
더 무거웠고
밤이어도 물꼬 트려
봇도랑 길 걸었다

힘들고 싫었던 길
그 시간이 이렇게 짧을줄을
그때는 왜 그리 길고 멀었던가
하늘의 구름도 눈에 들어오지 않았고
피는 꽃도 귀찮어 관심이 없었다
세월 따라 가버린 그 힘들었던 날
이제 쉼의 기억으로 남아야 하나
아련한 그 시간 모두 거둬 모아
피는 꽃에 구름 보며
벼 이삭 여미어 쥐어 본다

초가의 밤

초가의 둥근 박
보름달 기다리고
귀뚜라미 우는 뜰
이슬에 젖는다

아직은 아흐레 달
이 밤 깊어 내일이면
보름달로 떠 오를까
토끼의 절구 계수나무
못다 그린 아흐레

아흐레의 깊은 밤
그 반달 지워지고
둥근 박의 기다림
호롱불 잃는다

어머니의 가을

넣고 심고 뿌린 씨
덥다 하는 날에 그 잠깐
얼마 있어 저 찔레 잎
오그라져 떨어질까

빨간히 찔레 열매
더 붉어 볕 쬐고
봄날에 그 하얀 꿈
열매 송이에 담긴다

밭둑에 심어 놓은
애호박에 호박 넝쿨
동부에 팥 녹두는 얼마 전
소쿠리 가득 따 담았고

아직 먼 콩밭 옆
가지에 고추 퍼런 들깨
날마다 붉는 고추는
그렇게 따대도 따을 것이 많다

밭둑 넘어 보이는
볏 논에 누런 이삭들
저 논들 가운데 우리의 논
몇 가마니의 벼가 타작이 될까

참새 떼 쫓는 소리
누구의 목청이 멀어도 저리 큰지
이맘때면 여기나 친정이나
바쁜 일손에 모자라는 하루

식구가 다 모여도 하루가 짧고
날마다 고추 따 널기에 그 하루가 더 짧다
더 있으면 벼 베기에 더 바쁜 하루
누구의 집 품앗이를 먼저 해줄까

쉴참에 스치는 친정의 기억
나 어려서 알암 줍던 곳
그 나무들 그저 잘 자라는지
작은 바구니에 그 알암 반쯤 주웠고

감나무 밑 찾아가
달디 단 연시 그렇게 주워 먹었지
올려 보는 감나무의 빨간 연시
입맛의 그 미련 어떻게 참았을까

화둑 솥에 고구마 밤
김 서려도 더 기다려야 하는 시간
동생들 투정에 얼마나 속 상했나
여자라서 때려도 덤벼드는 동생들

엄마나 와야 한 몫 거들어 주지 않았나
이 나쁜 놈들 추억 속에 동생들
지금은 이야기 거리로 말 하면 도망가고
제 짝에게 이야기 하면 아주 숨는다

그렇게 가버린 날 흐르고 잊은 날
그러면 나머지는 잃어버렸단 말인가
지워지는 기억 속에 남아 있는 기억들
이 집 온지 엊그제 밭 양지 한 곳에 조용히 묻는다

구름의 마음

세월에 갇힌 인생
어디로 가야 하나
올려본 구름 위
철새 따라 가는 마음

갇히지 않았다면
그 자리에 있었을까
그 자리는 어디였고
어디에서 흘러 왔나

버리고 흘려도
모아지는 마음
이것이 세월이고
인생이란 말인가

가을 나들이

차에 오른 마음
몇 시간을 가야 그곳에 닿을까
설레임도 아니고 즐거움도 아니다
나도 모를 마음 바뀌는 목적지
그저 같은 방향 닿을 곳이 다르다

가을 마음에 젖어드는 나만의 여행
차창 밖 스치는 저 풍경이 가을인가
초가 없는 집집마다 조용히 잠든 마을
한 곳은 나 살던 곳 같아 두 번의 눈길이 간다
닿을 곳 내리면 무엇이 놓여질까

하루 이틀 묵어갈 집
그 근처 식당에 보리밥 집은 있는지
그러면 그리움의 옛 밥상에 막걸리
이 마음 저 마음 열무김치에 섞어놓고
돌아보는 그 비탈길 취한 술에 걸어본다

천당길

흐르는 저 강물
이 마음 빼앗나
올려본 산 하늘 높이
눈을 빼앗고

그 다음 바람 소리
바람은 안 그런가
귀 빼앗는 바람 소리
그 소리에 주눅드니

닫은 문의 미닫이 안
어둠에 찾아온 병
이제 그곳 가야 하니
몸 내놓으라 하더라

영원한 사랑

우리 처음 그랬듯이
그 처음 갖고 싶어요
그 처음 보다 더 많이
많이 갖고 싶어요
가까이 있어도
먼 것만 같은 당신
그때 처럼 가까이
더 가까이 있고 싶어요

누가 무어라 해도
내 안의 당신 하나
나 당신 안에 갇히고 싶어요
나 아닌 나 하나
모두 모두는 당신의 것
이 세상 끝까지
당신의 것이 될거에요
처음 처럼 그렇게 그 처음처럼

세월의 꽃

설마하니 보는 거울
이 모습이 나였나
흰 머리에 주름 가득
어떻게 지워야 하나

그 세월의 무늬
내일 또 이 모습
주눅에 보는 거울
먹은 나이 허무 하고

표정을 바꾸는 마음
무늬에 부끄럽다
거짓 없는 거울 앞
나 지금 무엇 하나

억새꽃 하늘

외로워 찾은 언덕
그 작년에 찾았던
이곳이건만
줄어든 억새꽃
바람에 눕고
하늘만 그 하늘
먼 들녘 더 멀다

이맘때 찾은 언덕
그때에는 그래도
이렇게까지
오늘 처럼 쓸쓸히
외롭지 않았고
바람도 잔잔히
마음만 그저 그랬는데

오늘 따라 왜 이리
그 마음이 아닐까
억새꽃 그리움의
그 옛날 미련인가

쓸어 안은 억새꽃
그 하얀날의 꿈
모두 모두 저 하늘에 올린다

가을 그림자

여기 이곳 이 언덕
이 세상 저무는 것이
하루 해만 저물겠나
가을 바람 쓸쓸히
옷깃에 스며들고
내려 오는 옷 소매
그 일년 알린다
얇은 옷의 여름이
언제였더냐

해 기울어 보는 마음
저 구름 더 높으면
얼마나 더 흩어질까
비켜서는 이 양지도
음지가 될 것인데
저물면 다 같이
음지가 되는 것을
그 세월에 이 몸은
안 그렇겠나

들여다 보는 풀이파리마다
모두가 껍데기
겨우살이 청춘인 척
그 껍데기 바라보고
껍데기 믿고 영그는 씨앗
그 무엇이 다를까
바라보는 언덕 멀리
은빛 물결의 억새꽃
어느새 해 기울어
석양에 저문다

약속의 가을

이 억새밭의 나
나 아직 기다리고 있어요
그 약속 잊지 않았겠지요

소라의 그 바다
그 해당화 지금도 피어 있는지
우리의 그날이 이렇게 먼 줄 몰랐어요

나 아직 기다리고 있어요
둘만의 이 세상
나 잊지 않았겠지요

미움의 우리 그날
나 아직 기다리고 있어요
나 나 아직 기다리고 있어요

우리 섬

봄날에 그렇듯
여기 이곳 이 가을
찾는 이 없나요

여름날 그 해당화
빨간 열매에 꿈 묻고
수평선 바라보며
무엇을기다리나

들려오는 파도 소리
늙는 억새꽃
빨간 열매 추워라

바람 소리에 섞이는
갈매기 울음 외롭고
억새꽃의 하얀 날
파도 따라 부서진다

가을역

바람 쓸쓸히
열차 오는 소리
가을 역은 언제나
쓸쓸해야 하는 것인지

이 몸 싣는 듯
내려 앉는 마음
바라보는 먼 철로 위
오던 열차 스쳐간다

뒷 꼬리의 그 시간
허무함에 보는 마음
그렇게 빠르게
순간일 수 있나

스치는 줄 알면서
멈출 것 같은 마음
어디론가 가고 싶은
이 마음이었을까

철로에 돋아난
방초 같은 마음
끄을린 코스모스
이 마음을 아는 듯

휑하니 떠난 자리
아무 흔적 없고
끊어지는 기적 소리
한 번 더 울고간다

• 3부 •

추석의 달

내일은 보름
이 오늘이 열나흘
큰 놈 작은 놈
일년내내 소식 없고
끝물이 막내년
연락 끊고 안 온다

내가 잘못 했나
너희들이 잘못이냐
아니면 그 세월이
못가게 하더냐
든것 없으면 어떠니
에미 한번 들여다 보렴

열나흘의 푸념

이 추석 지나면 오는 설이 언제일까
아이들 다 모이니 좋기는 한데
좋은 것도 그 며칠 떠나면 어떻게 하나
작년 처럼 쓸쓸히 집안의 찬 바람
남은 음식 내 차례 부엌은 안 그런가
논으로 밭으로 해야 할 일 많은 달
보름 지나 다음이면 노루 꼬리 더 짧고
논 바닥 드러나면 서리가 덮을 것인데

내일이면 먼저 갈 놈
일 돕는다 늦게 갈 놈
꾀쟁이 막내 놈 먼저 달아나겠지
네 이놈 내가 너의 마음 알고도 남는다
이 때나 그 때나 부족하게 자란 놈들
큰 놈부터 맏이 넌 얼마나 고생 했나
그 다음은 그 덕에 편히 자랐고
그래도 모자라니 에미 마음이 좋았겠나

성한 몸뚱이로 다 잘 자라 주었으니
그것이 효자이고 이 에미가 고맙다

세째 놈 동냥 젖에 이 에미의 아픈 마음
그 방물 장수에게 고맙고 미안 하고
그 후로 연락 끊겨 생전에 있는지
너희들이 뭐 알겠니 너희의 그 돈으로
옷이나 한 벌 해 줄 것인데 그리 소식이 없구나
그 신세를 어떻게 갚아야 다 갚을까

좋다 하는 손주 놈들 뭐가 저리 좋아 떨까
할미 싫다 잡아도 도망 가는 저 놈들
그래도 내 속에서 나온 씨앗들
세월이 그렇지 너희들이 그렇겠냐
모진 세월의 그날들 잃어버린 그날들
저 달만이 아는 찔레꽃의 봄이었나
너희들도 힘들 것인데 묵지 말고 가거라
노루 꼬리 더 늘려 내가 하면 되마

추석날

고향 찾아 성묘 후
돌아 앉는 마음
뉘우침의 옛 생각
부모님 길 밟는다

그때 왜 그랬나
왜 그랬었나
나도 살아 보니
이렇게 아닌 것을

갈 수록 좁아지고
거치른 세상
변한다 하는 강산
강산만 변했나

모으려 움켜쥐니
그것도 아니고
이웃의 냉정함
그 표정도 두껍다

비춰진 부모의 길
가엾은 우리 부모
먼 산 위에 올려진
이 불효의 눈물인가

나 길러낸 그 시절
이 불효의 뉘우침
다시 춥고 배고파
아궁이 앞에 앉는다

세월의 양지

봄이 저물면
가을이 되는 인생
누구의 세월이
아니라 하겠나
비 바람의 여름은
꿈이었을뿐이고

추풍에 낙엽이라
봄날에 숨은 가을
가을이 따로 있나
그 꽃잎 떨어지는 날
그날이 가을이고
보고만 있는 여름

그 여름 뭐 했었나
그렇게 해야 했는지
이 가을 위해
그렇게 속였고
꽃에 불던 비 바람
오색단풍에 찬 바람

이제 더 무엇이
어느 바람에 떨어질까
속을 것 그마저
속일 것 없는 세월
서릿발에 눈 덮히면
모두가 그만인데

코스모스의 그날

그때 그 시절인 듯
황금 들녘의 먼 하늘
멀리 보아 더 멀었나
머리 위 높다란히
새털 구름 흐르고
걷는 길 한들 한들
코스모스 눈길 준다

잃어버린 그 시절
행길가의 코스모스
그리도 한들 한들
눈길 주는 이 꽃과
무엇이 다를까
가슴 속에 아직도
지우지 못한 그 꽃들

이 걷는 길 그 길인 듯
돌뿌리 차이던 그 행길
아이들 뛰어 가면
그 뒤 따르느라

나도 뛰며 쫓아 갔고
고무신에 흙 들어와
벗어 털며 뛰어었지

가을 마음

잊은 것 없는데
잊은 것 같고
잊은 것이 있다면
그 옛날인가

꽉 들어찬 나이에
걸리는 그날들
뼈 마디 어느 한곳
안 스며드는데 있나

상처에 남아 있는
울고 웃던 그날들
앙금도 그 한몫
이 마음 빼앗는다

방초의 길

마음 닫고 보는 세상
나 하나의 존재
이 나 하나의 존재
어디에서 무엇 했나

그 시간 짊어지고
지나온 세월
그 하루 지우며
어디에 와 있고

지나보니 이 한몸
그마저 짧은 길
존재의 나 하나
어디로 가야 하나

단풍 이야기

봄부터 이 가을 위해
그런 밤 낮이었는지
이제 추우니 접어야 하나
아니면 접어라 하는
순리의 그 뜻인가

긴 줄만 알었던
느긋함의 그 시간들
그 짧은 날의 교훈을
어찌 몰랐었나
긴 것이 아니라
순간이라는 것을

알었던 씨앗 열매
오늘을 준비 했고
다음이 없는 단풍
그리 긴줄만 알었다
이렇게 짧은 것이
그 시간들이었는데

약속의 가을

인연의 끈 이으며
둘이 걷던 날
그 마음 소중히
하늘에 올렸지
맹세에 잡은 손
서로가 뜨거웠고

이제 가꾸어야 할
그 영원한 행복
이 길의 꽃 처럼
어떻게 피울까
희생이 앞서는
내일의 먼 훗날

걷는 길 높은 하늘
새털 구름 수놓고
멀어도 가까운 길
어디쯤 왔나
둘만의 그 약속
코스모스에 묻는다

소꿉의 가을

펼쳐지는 그 옛날
소꿉의 첫 사랑
그 양지녘 소꿉 살림
봄이어도 가을인가

바위 위 밥상에
차려놓은 진수성찬
사금파리에 가득
무엇이 부족할까

칡끈에 업힌 아가
아직 그리 보채는지
꽃 반찬 찐 흙떡
쑥김치에 모래쌀밥

이제 또 그 살림
언제 차려 볼까
스치면 아닌 척
아니어서 아닐까

시침이 눈빛에
담겨진 그날들
서로가 눈 돌려
붉힌 얼굴 감춘다

억새꽃 그리움

석양의 은빛 물결
하늘에 닿은 듯
수놓은 새털구름
내려 앉는다

높았던 파란 하늘
구름 헤친 높은 하늘
가을 하늘은 그렇게
억새꽃을 못 잊는지

억새밭의 새털구름
석양에 안기고
은빛 잃은 억새꽃
그 노을 바라본다

짝사랑의 추석

그렇게 함께 자란 이웃의 너와 나
어느새 커다란히 처녀가 되었네
나는 머슴으로 너는 서울로
무슨 욕심에 내가 너를 바라볼까

가진 것 없는 머슴의 세월
그래도 나는 철에 피는 꽃 보았고
너의 모습도 꽃과 함께 하늘에 올렸지
밤이면 냇둑의 별 달 속에 넣었고

먼 발치의 너의 모습
가까이 있어도 멀기만한 너의 모습
나 이 머슴 끝나는 날 지게 벗어놓고
너 처럼 서울로 세월 찾아 떠나련다

작은 기억들

이 길 꽃에 묻힌 얼굴
가냘피 저 코스모스
그 꽃잎에만 숨었겠나
풀숲에 작은 꽃
넝쿨 올린 나팔꽃

다시 딛어 오른 언덕
억새꽃에도 숨었고
걷는 나 어디쯤
나 어느 길을 걷고 있나

못 다한 사랑
기억의 그날들
삐질까 조심스레
그 투정 다 받아 주었고
무엇이 부족 할까
나름대로 노력도 했다

지금도 잘못에
뉘우쳐지는 마음

내가 더 무엇을
얼마를 노력 해야 했나
잘못에 부족함
그 못 해준 뉘우침

후회 아닌 사랑으로
억새꽃에 얹어지고
이 세상 긴 것이
우리 그 정만큼이나
더 긴 것이 있을까

둘만의 우리 그날
모두 엮어 하늘에 올리니
그 세월 이 시간까지
더 늘려도 남을까
잃어도 잊어도
그 아름다운 날에 감기고

다시 또 늘린다면
어디까지 감어 갈까

봄 언덕 여름 바다
흰 눈의 발자국까지

그래도 남고 남을
둘만의 그 행복의 꿈
그 아름다운 지난 날
다음은 무엇일까
모두 모두 엮어 매어
저 하늘에 올린다

가을 길

걷는 이 길
이 산자락
단풍 안 드는 곳 없고
그 파란 여름 어디 갔나

씨앗 맺은 풀이파리
하루가 바쁘다
아직 피우는 여기 이 꽃
며칠의 꽃이 될까

들어오는 먹구름
새털 구름 가리고
비 한차례 내릴듯
걷는 마음 울적 하다

어머니의 가을

추석 지난 이 가을
무엇부터 거둘까
텃밭 뒷밭 다녀보면
손 안 닿을 곳 없고
벼 베기는 아직 이르니
며칠 있어 벼 벤다 할까
그러면 타작에 더 바쁠 것이고

첫 서리 내리기 전
거둬야 할 그 많은 일
우선 찾을 고추밭
팥밭일에 동부밭
들깨 베어 널어야 하고
고구마 줄거리에 고구마 케기

콩밭은 안 그런가
수수목 잘라 엮기
그러면 벤 벼에 타작 날 잡히고
나머지는 털어 모아
키질 하면 줄어 들일

하나 더 김장밭

배추밭 무밭 배추 동겨매기
그래도 남고 남은
아이들 몫 나눠야 할일
김장날 날 잡히면
김장도 그렇고

그것도 날 추우면
날 잡힐 것인데
아이들아 애들아
세월이란 이렇게 바쁜 것이니
너희 아이들 잘 기르고
잘들 하고 살려므나

낙엽의 꿈

다 깊어간 가을
이제 첫서리 내리는
끝자락이 되나
단풍 곱게 물들어
그 며칠이면

비 한차례에 낙엽 우수수
마지막 가을 되고
그 끝의 마지막 꽃
들국화 향기
그 향기 잃는 날

크고 작은 바람 불어
나뭇가지 흔들면
이리 저리 날리며
떨어지는 낙엽들
그 낙엽 구르다
어느 곳에 머무를까

밟히면 상처에

깨어지면 그만이고
이렇게 짧은 것을
그렇게 짧을 것을

천둥 번개에 비 바람
춥다 덥다 물난리
그래도 그 여름이
좋지 않았나

흐르는 물 넘치며
남긴 흔적들
그 흔적 그대로
나뭇가지 드러나면

다 언제 그랬더냐
언제 그랬었던가
첫 서리에 종이얼음
모두는 꿈이겠지

썰물의 가을

저만치 가물 가물
저 밀물 언제 들어오나
여기까지 들어차기
얼마쯤 기다려야 하고

갯골 덮어 오는 물
그 바닥은 안 덮겠나
그리 덮어 오느라
저리 늦어지는지

들어 오면 갯바위
여기 이 모래뭇 다 덮고
그러면 그다음
무엇을 덮을까

기다림의 눈 보다
더 빠른 밀물
보는 눈은 멀었어도
그 시간이 더 빨랐고

어느새 나간다
들려 오는 파도 소리
갈매기도 아는 시간
그 시간을 왜 몰랐나

귀뚜라미의 별

그날 밤 맡은 별
어디에 숨었나
고요의 밤하늘
그 옛 별 반짝이고
동쪽 하늘 선명히
서쪽은 흐리다

여기 저기 둘러보며
찾아 보는 추억의 별
북녘은 그렇게
남쪽 하늘 더 멀리 보이니
그러면 어디에
어느 곳에 숨었을까

귀뚜라미의 지친 울음
찬 바람에 잦아들고
마주 보는 수많은 별
그 옛날 읽어준다
맡았던 그 나의 별
이 오늘 어떻게 찾나

자정 넘은 새벽녘
고요한 나만의 밤
찾아도 없는 별
어느 하늘 바라볼까
물어보는 혼잣말에
머리 위 올려 본다

동무의 가을

먼 옛날 그 옛날
아주 먼 옛날
추억 한곳에 자리 잡은
우리 둘의 그날인가

던져진 책 보자기
마루 끝 멀리 밀려가고
숙제 가득 빈 변또
소리 내며 부딪친다

오늘은 어디로
어느 곳 찾아 갈까
먹을 것 찾아 가야 할곳
다닐 때가 너무 많다

들로 산으로
집 울 뒤 울타리로
숨어야 할 무 콩밭
그 다음 어디일까

감나무 밤나무
대추나무에도 가볼까
먹을 것 찾는 기쁨
밤마다 생각 나고

생각 한곳 가자 하니
숙제 걱정 끝 즐겁다
밤나무 찾는 날은
밤송이에 찔린 머리
곪아 터져야 하고

감나무 찾는 날은
가쟁이 부러져
떨어져야 했다
숨어 찾는 가지 무밭
혓바늘 돋는 가지 서리
무 서리에 배불렀고

잘 숨어야 되는
콩 서리 하는 날은

성냥불 그어 대어
싸리 삭쟁이 그 불에
눈썹 타는 줄 몰랐다

잿검댕이 까맣게
입술은 안 그랬었나
호호불며 먹는 콩
맛 섞인 배부름

뉘우침의 먼 옛날
잃어버린 그날인가
오늘도 그리워
동무의 얼굴 떠 올린다

가을 저녁

이 하루의 해 저물어
늘어지는 긴 그림자
점심 나절 그 그림자
누가 그리 늘렸나

겉으로 늘리고
속으로 거두고
그렇게 줄이는 줄
누가 알았고

저무는 먼 들녘
찬 바람 들어온다
들어온 그 바람에
모두가 움추리니

지는 해 안 넘겠다는
그 투정이었나
노루꼬리 그림자
놀던 참새 데려간다

• 4부 •

하얀 밤

넣고 채운 그 욕심
누구의 그릇에 담길까
아직 못다 채워
이리 헤매야 하는지

빗에 걸린 흰 머리
머리 맡에 뽑힌 니
분칠의 얼굴인들
그 주름 안 보일까

석양의 양지

어제 아닌
그제였던가
아니면 더 멀리
엊그제였나

누더기의 그 시절
부족 했던 삶
나는 아니다
어떻게 말을 할까

표정에 숨긴 마음
웃음으로 감추고
드러나면 어쩌나
부끄러운 대화일까

만나는 이 마다
들어주는 이야기들
나는 왜 할 말이 없겠나
뒤집으면 그 많은 사연

이야기 해본들
누가 듣고 헤아릴까
주눅 들어 말 못하고
마주보며 듣는 나

그 시절의 상처인가
이 가슴의 멍일까
돌아보는 그 시절
다시 꺼내어 그린다

문밖의 가을

훌쩍 떠나고 싶은 마음
나서는 길 어디로
어느 곳 다녀 올까
여행은 아니어도
그곳 찾아가면
산도 있고 들도 있겠지
옛 냇가 처럼
그 냇가 그대로 있고

주섬 주섬 이것 저것
챙기고 싶은 마음
들고 줠 것 없것만
왜 이리 설레이는지
몇날 며칠일 것 같은 마음
빈 마음부터 추수려지고
떠나 저녁이면 올 것을
뭐 그리 마음이 무거운지

이렇게 와서 본들
무덤덤한 마음뿐

비울 것 없는 마음
그저 쓸쓸하기만 하고
늘어진 풀이파리에 갓 피어난 들국화
들녘의 벼 이삭 발자락도 그렇고
물드는 단풍잎 얼마 있어 떨어질까
보는 하늘 파란히 볼 수록 더 높다

주머니의 가을

누구의 이름도
떠오르는 기억도
모두를 다 잊어야 하는지
걷는 이 길 쭉정이의 마음
낙엽 주워 뒤집어 보니

앞 무늬 붉그스레
얼룩져 벌레 갉고
뒤집어 본 뒷 무늬
아니 이럴수가
멍까지 얼룩져
끊긴 줄기에 허공이다
그나마 남은 자리
그 마저 찢어졌고
드러난 갉힌 허공
어디에 감추었나
그 시간 아니면
세월에 묻었을까

쭉정이 세상

늘어진 풀이파리들
차라리 이 길을
딛지 않았더라면
쥔 낙엽에 이 마음도
저 석양에 얹지 않을 것인데

허공의 가을

순리의 앞 대자연
이 모두 그 앞에 고개 숙여야 하나
보아라 하늘을 저 허공의 구름을
이 땅위의 인생들아 무엇을 바라는가

거절하며 못 따르고 안 따를 순리인가
하룻밤이 백년이요 그 백년이 오늘이다
단몽에 속은 세월 그 그림이 더 있더냐
이 땅 위의 사람들아 무엇을 바라는가

가을의 담

머리 위 파란 하늘
새털 구름 수놓고
지나는 담 담쟁이
더 붉게 물들인다

돌아서는 끝 담장
어느 담장 나올까
보이는 먼 산 단풍
저리 물들을 수가

담장 길 예쁜 단풍
한 두잎따 쥔 마음
나 어디로 가는지
바람 맞이에 춥다

이름 없는 기억들

잊은 것인지
잃은 것인지
돌아보면 그렇게 허무한 것인데
그리 얽매이고
매달려야 했는지

나 잃은 그날들
달 속의 그날들
세월이 흘러도 그날은 그대로이어야 하나
거울 앞 이 얼굴
내 모습은 변하고

거울이 비춰 주는
하룻밤의 그날들
나 어디서 무엇하다 여기에 왔나
목숨의 채찍질에
아니 올 수 없었던 길

이제 모두 버리고
다 잊어야 하는지

낙엽에 우수수 섞이는 그날들
이 깊은 가을 길목
또 어디로 가야 하나

꿈의 가을

잃어버린 여름인가
그 매미 울음 멎던 날
귀뚜라미 찾았고
찾아온 그 며칠
메뚜기 따라 떠났다

이제 또 무엇이
어떻게 오고 갈까
아직 이른 논 바닥
저 참새 떼일까

논 바닥 한 두 곳
찬 바람에 단풍 곱고
더 많이 다 들어나면
아이들이 찾겠지

가을의 마음

문밖 앞뜰 지붕 위
드러찬 달 떠 오르고
어둡던 장독대
달빛에 어린다

바라보는 보름달
저 달 안에 무엇이
무엇이 들어 얼룩졌나
볼 수록 빠져드는
뜨락의 마음

눈 못뗀 달 지붕 넘어
장독대 어두우니
마루 딛어 들어온 방
등잔불만 가물댄다

가을 하늘

높기도 높아라
저 높은 파란 하늘

넓기도 넓어라
허공의 저 넓은 하늘

있는 마음 올리니
모두 빼앗고

그 옛날 어제 오늘
그 마음도 빼앗더라

추수의 밤

거둬야 할 가을 들녘
이렇게 빠를 수가

시기에 때 맞춤
이렇게 바쁠 수가

논으로 밭으로
손 안 닿을 곳이 어디에 있나

꾸물 꾸물 날 흐려져
비 내릴 듯한 저녁 하늘

이러다 비 내리면
저 많은 일 어떻게 하나

밤하늘 올려 보며
하늘에게 비는 마음

날궂이에 바쁜 일손
호야등불 더 밝다

산사의 밤

달빛의 그 며칠
그 며칠의 천 년인가
천 년의 풍경 소리
그 바람의 만 년인가

읽어도 끝 없는
천 만 년의 그 시간
밤 낮 없는 산사의 밤
다음 날이 기다린다

이맘때

어제가 없었으면
오늘이 있었을까
까마득히 추억으로
시리게 가버린 날
그 시리게 가버린 날
그 날이 오늘이어야 하나

기억 하고 싶지 않아
열 번을 잊어도
그 열 번 못 잊는다
왜 이리 찾는지
차라리 잃었다면
다시 찾지 않을 것을

낙엽의 그날

엊그제의 가을 문턱
두드린 그 문턱이
어느새 저무는가
느낌으로 그 며칠
파란 하늘로 그 몇번
그렇게 그것이 가을이었고
산과 들은 옛날 찾아
고향 생각에 넋지 않았나

이래 저래 잃은 날
무엇 하다 다 보냈나
그래도 그 가을이
아직 남아 있는지
곱던 단풍 하나 둘
낙엽 되어 밟히고
쓸쓸한 담의 담쟁이
더 붉던 옷 벗는다

이제 마지막
또 한 번의 늦 가을

며칠로 이 가을이
마지막이라 할까
아직 남은 그 며칠
그 며칠로 끝이 될까
바람이 모는 낙엽
그 시간 모아 쌓는다

절기의 음지

얼마 전 그렇게
여름도 아니고
날씨 선선하니
낮으로는 그 여름

이제 또 그때 처럼
이 늦가을도 그럴까
얼음 없는 겨울 날씨
새벽으로 춥지 않은가

떠나고 오는 계절
순리의 앞 대자연
늦 가을 이맘때면
왜 이리 허무한지

시린 가을의 끝자락
저녁이면 더 그렇고
물드는 단풍에서
쓸쓸한 바람까지

떨어져 구르는
낙엽은 안 그런가
여미어지는 옷깃에
스며드는 찬 바람

나뭇가지 하나 둘
들녘 같이 드러나고
노을지면 더욱더
음지의 마음 더 시리다

낙엽의 슬픔

너의 봄은 그거였고
그 여름은 나뭇가지를 위한
세월의 속임이었지
시간도 그 한몫
밤 낮으로 부추였고
이제 더 무엇이
바람 아니면
울긋 불긋의 단풍일까

그 마저 얼룩으로
벌레의 공간이 허공을 보일 것이고
이제 남은 것은 빗줄기일진데
얼마를 잡아 주다 놓아 버릴까
그래도 다 못 속아
바람이 굴릴 것이고
네 나뭇가지에 앉았던 새들아
아니 산 넘은 구름들아

지금 어디쯤
어디쯤 가고 있니

너희들이 읽어 주는
그 교훈의 뜻을 몰랐구나
이제 떨어지면 이리 저리 구르고
구르다 쌓이면 그것이 다일까
다가 오는 그 하룻밤
그 시간이 며칠일까

동무의 양지

동무야 또 이맘때일까
그 양지 찾아와 너와 나를 부르는구나
홋겹떼기의 그 양지 음지가 시렵고
논 바닥 하나 둘 그 논은 안 부를까
그 무렵 단풍도 그 때에는 안 보이더니

그 단풍 울긋 불긋 이렇게 아름다울 수가 있니
이제야 그 단풍이 눈 안에 들어 오고
먹이 찾는 참새와 무엇이 다를까
너와 나의 소쿠리 안 뭐가 들어 있었니
초가 찾는 참새 떼 저물녘 너와 나는 집으로 돌아 왔고

저녁바람 안고 들어온 집 부엌부터 들어 가면
찬장 안 짠지쪽 그 짠지쪽이 요기였을까
저녁 연기 흉내 내느라 불 피우는 아궁이
그 아궁이 앞이 얼마나 따뜻했었니
바지가랭이 누는 줄 모르도록 따뜻했었지

밤이면 높이 뜬 달 장독대에 서릿발
우물에 김서리면 그 서린만큼이나

차가운 두레박 줄 이제 그 쥐었던 손도 주름 가득
너와 나의 소쿠리 안 벼 이삭 얼기 설기 걸친 것만큼이나 될까
감겨진 그 세월 매듭진 그날들이 다시 하나 둘 풀리는구나

코로나19의 두얼굴

몇초 같은 그 백년
누구의 인생이 아니다 할까
마지막 그 순간 다 그럴 것인데

그나마 그 백년이 많다 하는 코로나
코 막고 입 막고 다음은 무엇일까
서로 보는 그 눈치 멀어지는 너와 나

그 눈치에 들어 있는 그 눈빛의 언어일까
힐끔 힐끔 쳐다보며 눈 돌리는 그 모습들
헛기침 한 번에 등까지 돌려대네

단풍길

한 곳의 띠 구름
다른 한 곳 새털 구름
높기만한 가을 하늘
얼마나 더 높아질까

보이는 산과 들
모두가 울긋 불긋
얼마나 더 물들이려
저리도 고울까

돌담 길 담쟁이
더 붉게 물들이고
이 노란 은행나무 길
여기가 끝이 될까

누구라도 나와 함께
저만치 더 먼 길
아쉬움에 돌아보면
아무도 없다

운명의 가을

힘들어도 가야 할
머나먼 운명의 길
디딘발에 저문 하루
쉬었다 가자 하네

물들인 저녁 구름
저것이 노을인가
저문 인생 그 노을
어디에 물들였나

오늘도 내일도
가야 할 운명의 길
저물어 못 갈 건가
가기 싫어 안 갈 건가